Giralda

Colección Autores Españoles
e Hispanoamericanos

Alfonso Grosso
Giralda

Novela romántica

Planeta

COLECCIÓN AUTORES ESPAÑOLES
E HISPANOAMERICANOS
Dirección: Rafael Borràs Betriu
Consejo de Redacción: María Teresa Arbó, Marcel Plans, Carlos Pujol
   y Xavier Vilaró

© Alfonso Grosso, 1982
Editorial Planeta, S. A., Córcega, 273-277, Barcelona-8 (España)

Diseño colección, sobrecubierta y foto de Hans Romberg (realización de
   Jordi Royo)

Primera edición: octubre de 1982

Depósito legal: B. 32031 - 1982

ISBN 84-320-5551-4

Printed in Spain - Impreso en España

«Duplex, S. A.», Ciudad de la Asunción, 26-D, Barcelona-30

Para mis hijos, Alfonso y Paolo.

Mi corazón, ahíto ya de todo, es una vieja y fúnebre carroza.
Mi corazón es un reloj, dado al perpetuo olvido,
que, aun muerto yo, se obstina en dar la hora.

JULES LAFORGUE
Letanías de mi triste corazón

Cimentada sobre piedras, columnas y basamentos romanos procedentes de Itálica, algunas de cuyas inscripciones latinas pueden leerse aún en su exterior, la torre de la Giralda fue mandada levantar por el califa almohade Abu Yaqub Yasuf en 1184 y continuada por su hijo y sucesor Abu Yasuf Yaqub. Dos fueron los alarifes que intervinieron en su construcción: Ahmad Ibn Baso y Alí de Gomara, siendo rematada con cuatro manzanas de oro por Abu-l Laty al-Siqueli, de ascendencia siciliana. La ceremonia de la coronación del alminar tuvo lugar el 10 de marzo de 1198.

Tras la *terminación* de la catedral gótica, levantada sobre los cimientos de la antigua mezquita musulmana, el Cabildo acordó en 1558 elevar la altura de la torre en tres órdenes, denominados del Reloj, de las Estrellas y de las Carambolas, alzándose sobre este último una esfera, pedestal de la estatua giratoria —diosa neoclásica—, gigantesca veleta denominada Giraldillo, proyecto que realizó el arquitecto cordobés Hernán Ruiz II entre 1560 y 1568. En 1751 se añadieron a las jarras que coronan el primer cuerpo cuatro ramos de azucenas.

La altura de la torre, desde el basamento hasta el mástil de la banderola que sostiene la mano derecha de la Venus neoclásica —en la izquierda una palma de paz—, es, según las últimas estimaciones tras su limpieza y restauración en 1981, de noventa y siete metros; ochenta y tres sobre el nivel del mar.

CAPÍTULO PRIMERO

La hora del Ángelus en la catedral metropolitana. Cita en palacio. Almuerzo y lectura en la casa de los canónigos. Don Eustaquio Ilundain, un cardenal-arzobispo liberal. Té en el Salón de los Apóstoles. Divagaciones en el Real Círculo de Labradores y Propietarios. Complejidad del primogénito de la Casa Condal. Penitencia y arrepentimiento. La búsqueda de Lilú. «Carlos Gardel» en casa de la baronesa de Halora. Remembranzas de un baile de disfraces. Grave crisis en la enfermedad de la condesa.

A LA SALIDA DEL CORO GÓTICO FLORIDO tras haber dado fin, con su timbrada y turbadora voz, el rezo del Ángelus bajo el órgano barroco de la catedral metropolitana, el canónigo lectoral, Pablo Carvajal y Ximénez Enciso, fue llamado a palacio por el cardenal-arzobispo de la diócesis hispalense a través de una misiva —puntualizando hora e inexcusabilidad de la cita— de la que le hiciera entrega el familiar de su eminencia ilustrísima, don Eustaquio Ilundain Esteban.

Tomó el canónigo con desgaire el billete, sellado al lacre rojo con el escudo y las *armas* arzobispales, para guardarlo en el bolsillo derecho de su sotana ribeteada de seda fucsia, tras haberse despojado del sobrepelliz y del bonete, echado al brazo el manteo y cogido la canoa de la percha en la sala de ornamentos. Luego, dejando a su derecha la capilla del Mariscal, cruzó el templo para orientar sus pasos hacia la portada del Sagrario, bajar las gradas, cruzar la calle Génova y dirigirse —frente a la altura de la Puerta de San Miguel— al recoleto patio con cantarina fuente, palmeras reales y macetas de aspidistras y geráneos, propiedad del Cabildo y vivienda de los canónigos, para entrar en su *casa* —saleta y alcoba— ubicada en la primera planta.

De treinta y siete años, descendiente de una familia cuyos orígenes de judíos conversos y banqueros genoveses fueran borrados ladinamente por el matrimonio de las hembras que aportaran sus dotes a los arruinados primogénitos de una aristocracia sureña en decadencia y descomposición, Pablo Carvajal y Ximénez Enciso, el benjamín varón de una ya ilustre y poderosa casa condal —de olivares, hazas labrantías, bermejales marismeños, viñas, cortijadas, dehesas de toros de lidia y palacete urbano en la calle Aire, entró en el seminario (antiguo palacio de San Telmo, residencia de los duques de Montpensier), sin abandonar sus estudios de música, a los doce años, recibiendo las órdenes mayores a los veintiuno y doctorándose en Teología a los veintitrés. Tras pasar un lustro de coadjutor en la iglesia de Santa Marina, fue nombrado párroco del Divino Salvador, obteniendo por oposición la canonjía catedralicia a los treinta y tres, precisamente en un difícil momento de su vida de clérigo, en cuanto coincidiera, junto a sus primigenias demoniacas tentaciones, con sus incertidumbres y dudas en una fe inquebrantable hasta aquellos días de adelantada primavera del Sur, dulce segunda quincena de febrero de azahares en el Patio de los Naranjos y casi tropicales mariposas revoloteando los canteros de rosas en el parque de la infanta María Luisa, en los jardines de Cristina y de los Reales Alcázares, donde el rey don Alfonso —eterno enamorado de la ciudad, en cuyo escudo campea la lealtad a su sapiente homónimo antecesor— había pasado los veinte días durante los que doña Victoria Eugenia, su hermosa, inglesa y rubia esposa, girara una visita privada a Gran Bretaña.

Sonaron las dos de la tarde en la campana del reloj de la Giralda —con cinco minutos de retraso desde su colocación en la torre mayor, en 1765, con respecto al del Ayuntamiento— cuando Pablo Carvajal Ximénez Enciso dio por terminado su frugal almuerzo en el refectorio y regresó a su habitáculo para hacer tiempo leyendo, sentado en la mecedora de rejilla de la saleta, frente al piano de media cola Bechstein, *De libero arbitrio*, de Erasmo de Rotterdam, y acudir a las tres y media en punto al palacio arzobispal, donde sería recibido en el Salón de los Apóstoles por su reverencia ilustrísima que, tras ocupar la Silla isidoriana desde hacía seis años, obtuviera la púrpura cardenalicia que le otorgara Su Santidad Pío XI recientemente. Aunque las razones de la precipitada cita ignore, el canónigo lectoral intuye y sospecha se trata de llamarle al orden e incluso a fustigarlo con duras reconvenciones con respecto a su —para algunos de sus colegas— *licenciosa* vida; de la que no poca culpa tienen, al parecer, las *frívolas* composiciones de Offenbach y Dargomijsky que interpreta en momentos de depresión —en él tan frecuentes— en el siempre bien afinado Bechstein, regalo de su prima Eulalia, marquesa de Valverde de los Caballeros.

* * *

Catedrático de Teodicea, Ética y Derecho Natural, doctor en Teología por Toledo, magistral de la prioral de Ciudad Real, director del seminario de Segovia, obispo de Orense obligado por el nuncio Rinoldini, tras haber renunciado al episcopado de Canarias, Eustaquio Ilundain, desde la Silla isidoriana, prosiguió su actuación pastoral con idéntico celo y actividad que en Galicia, aunque con problemas más sutiles y complejos a tenor de una diócesis *colonial* como la hispalense; lo que no impediría que su equilibrada actitud y labor, estrictamente limitada a la esfera religiosa, le hicieran ganarse desde su llegada al poder —cinco años más tarde— el respeto unánime de los gobernantes de la II República. Fuerte y corpulento como buen navarro, a pesar de sus sesenta y tres años, el cardenal-arzobispo recibió al canónigo lectoral con una sonrisa, sentado en el sofá isabelino tapizado de seda lila del pequeño Salón de los Apóstoles, donde los lienzos incompletos de los discípulos de Cristo se alineaban alrededor de las paredes forradas de damasco violeta; una araña de cristal de La Granja colgada del centro del techo —cielo raso pintado al temple con un óvalo donde se agrupaban entre cruces maestrantes, puñales y coronas de espinas los corazones sangrantes de Jesús y María— y una vitrina atestada de libros encuadernados en pergamino completaban, con un velador de caña de Indias, el aposento desde cuyo balcón, con los cristales velados por visillos de encaje, se abría la panorámica de la plaza de la Virgen de los Reyes, el entronque de la Giralda, la Puerta de los Palos —con escenas de la Epifanía— los arbotantes reverdecidos por los líquenes, el ábside renacentista de la capilla Real, con sus escudos imperiales, las almenas del Alcázar y la puerta, abierta de par en par, del Patio de Banderas.

El canónigo Pablo Carvajal, ya destocado, hizo una reverencia al entrar en el salón; luego una genuflexión a la vez que besaba el anillo del purpurado, para terminar irguiéndose, en la medida de su altura de un metro ochenta, y quedar en posición de firme con la apostura de un húsar y la marcialidad de un coracero.

—Tome asiento en esta butaca —díjole indicando la situada a su derecha el prelado, en su acento entre navarro, castellano y galaico, con ciertos dejes andaluces también—. El sofá —continuó— es mi lugar favorito. ¿Le ha extrañado mi billete comunicándole venir hoy a verme? —preguntóle finalmente.

—En absoluto, ilustrísima —contestó el canónigo lectoral—. Es para mí un honor que me haya concedido, aun sin solicitarla, esta entrevista.

—¿Prefiere café, té o chocolate?

—Lo mismo que tome su reverencia, aunque prefiera el té.

—¡Tenemos, en este terreno, idénticos gustos! —exclamó el cardenal-arzobispo tirando del cordón del campanil para llamar a la lega del servicio de fogón y cámara de palacio que se presentó en unos instantes y a la que don Eustaquio encargó la infusión, acompañada de unas yemas, famosa confitura de las monjas del convento de San Leandro.

Sin que se produjera exactamente una laguna de silencio total, los minutos que antecedieron a la llegada de la gran bandeja de plata con servilletas blancas de hilo almidonado y vajilla de la antigua cartuja —transformada en alfarería de cerámica inglesa de los Pickman a partir de la Desamortización— resultaron vacíos de todo contenido, y no fue hasta que don Eustaquio no diera el primer sorbo a su taza de té, color rosa, cuando se iniciara, en un principio sutilmente, el tema razón de la llamada al palacio del canónigo lectoral.

—Entendido tengo —dijo su ilustrísima tras exhalar un breve y en él característico varonil suspiro— que interpreta usted en sus habitaciones deliciosas, aunque un tanto frívolas, piezas al piano, esa al parecer joya germánica que le ha regalado su prima ¿Eulalia?

—Eulalia, ilustrísima. Ésa es, en efecto, su gracia. Y ciertamente, con perdón, culpar de frívolas las sonatas de Dargomijsky me parece desacertado; aunque he de admitir que Offenbach, el cual de joven interpretara en París en la Opéra Comique, es un compositor cuyas melodías pudieran ser calificadas de humorísticas por el público del siglo pasado, naturalmente, y no por el de nuestros días.

—Personalmente, pienso, aunque apenas conozco la obra de Offenbach y nada de la de Dargomijsky, para mí completamente desconocido, que está usted en su pleno derecho a continuar interpretándolos al piano, fuera de las horas de recogimiento, sueño o siesta. Y nada puedo, en ese aspecto, reprocharle. Sin embargo, algo muy distinto es que toque usted piezas más o menos festivas mientras no se permita hacerlo en el órgano de nuestra catedral, y otra que lo haga en un baile de máscaras en el palacio de uno de sus parientes, por muy privada que fuera la fiesta, y, por ende, disfrazado de Arlequín, según he sido informado por personas de absoluta confianza, cuyos nombres me niego a facilitarle.

Palideció Pablo Carvajal ante aquella acusación, formulada tan directamente, y que por desventura resultaba tan exacta como la ley de Newton, y guardó unos instantes de silencio antes de intentar justificar —como si justificación cupiera— las circunstancias en las que se produjeron los hechos, en cuanto de más graves faltas podían aún culparle, como sucediera en efecto:

—... Y eso no es todo, Carvajal. No lo es, y usted bien lo sabe. Se rumorea, se habla, se comenta y se dice, en los círculos de la alta sociedad sevillana, que mantiene usted íntimas relaciones con una señora casada, la baronesa de...; título que no me atrevo siquiera a pronunciar.

A la palidez sucedió el rubor. El canónigo lectoral quedó petrificado, sin el menor gesto ni movimiento en su semblante y en sus manos, *piadosamente* cruzadas, que delataron su angustia y su ansiedad. Y un sudor frío le corrió desde la frente a las mejillas y a la garganta, llegándole hasta la tirilla almidonada del alzacuello donde coloreaba el fino ribete canonical de seda fucsia.

—¿Qué tiene que objetar? ¡Conteste, diga algo! —solicitó con bronco tono de voz, acompañado de un gesto, entre compasivo y desdeñoso, el cardenal-arzobispo.

—¡Nada! —terminó por responder con un quebrado hilo en su acento el canónigo lectoral—. Absolutamente nada con respecto a mi presencia y actitud en esa fiesta privada. Sin embargo, mis relaciones íntimas con la baronesa son una calumnia; lo cual no significa que, en efecto, ilustrísima, me encuentre locamente enamorado de ella; sin que haya osado decirle una sola palabra al respecto ni rozado siquiera la tela de sus vestidos.

—¡Me asombra y me conmueve a un tiempo su sinceridad! ¿Puedo dar a esta entrevista carácter sacramental de confesión?

—Sí, Padre —contestó Pablo Carvajal, arrodillándose.

—¡Levántese y siéntese, criatura de Dios! No me hable como si se encontrara ante el Penitenciario y refiérame los hechos objetivamente, para, también objetivamente, juzgarlos. Tras su confesión y arrepentimiento, me pronunciaré no sólo como juez en la expiación que le impondré y que, por lo oído hasta ahora, no será leve, sino también como consejero para poner freno al pecado de escándalo, aunque éste no se haya producido más que en un determinado estamento social y no quepa inculpación de adulterio.

* * *

Tras el almuerzo en familia —madre paralítica y hermanas vírgenes, Blanca y Lucía—, con la mesa previamente bendecida por su padre, el anciano conde, y después de haber dormido su inexcusable hora de siesta, pese a no haberse aún proclamado oficialmente la primavera en la tierra de María Santísima, aunque hubiera efectivamente a ella ya llegado, José María Carvajal y Ximénez Enciso, el primogénito, tres años mayor que su fraterno Pablo —cuya soltería lo hacía objeto de todo tipo de sospecha con respecto a la ambigüedad de su estado—, salió del palacete de la calle Aire —con patio de columnas romanas, traídas de la cívita arruinada Itálica, cancel de forja y fuente muda de taza mozárabe— para encaminar sus pasos, sin verse obligado a hacer uso del auto Hispano ni de la charolada berlina, dada la proximidad de su objetivo, al Real Círculo de Labradores y Propietarios, situado junto al Crédit Lyonnais, en la esquina de la calle Sierpes, lugar donde se alzara la antigua cárcel y cumpliera condena de siete meses, en 1579, Miguel de Cervantes.

Saludado con la reverencia habitual por uno de los lacayos de librea, calzones cortos, medias blancas y zapatos con hebillas de alpaca de la conserjería, José María Carvajal cruzó el vestíbulo para dirigirse a su diaria tertulia de café, habanos y brandys —salón contiguo al de billares—, donde las butacas y los sillones *chesters* se agrupaban bajo la gran lámpara de bronce, alrededor de una pudorosa Venus de mármol de Carrara colocada sobre un pedestal de pórfido, donde los feldespatos y los cuarzos espejeaban irisados por los reflejos de las cortinas de terciopelo verde mar del cenáculo, con ventanales de cristal biselado a la calle más céntrica y concurrida de la ciudad.

Se polemizaba en torno a los temas de siempre: las coristas y tonadilleras del Olimpia, del Variedades o del Kursaal —los más famosos *cabarets*—, las recién llegadas jóvenes meretrices al burdel de La Madrid, los toros, las carreras del hipódromo; las nuevas entretenidas del duque de equis, el marqués de ygriega y el conde de zeta; de la política del dictador, el general don Miguel Primo de Rivera y Orbaneja, el ilustre aristócrata jerezano, y de la prosperidad y paz ciudadana y de su más próximo entorno agrario, gracias a las grandes obras arquitectónicas, ciertamente colosales, que se realizaban en la urbe a propósito de la Exposición Iberoamericana (inaugurada tres* años más tarde) y que habían hecho descender el paro secular casi a cero y proporcionado cuantiosos beneficios a la desmirriada *industria* local, pese a la trágica degradación por la que pasaba Andalucía en su conjunto, recogido en el Manifiesto de Córdoba de 1919 y en la Asamblea Regionalista de Ronda, en 1918. Requiebros para Juan Belmonte, el primer torero del mundo tras la muerte de Joselito, e insultos e improperios contra el notario don Blas Infante, completaban invariablemente el cuadro de las conversaciones de cada día, de la que no participaban tres cuartos de la totalidad de los contertulios que llegaran al Círculo para continuar durmiendo una nueva siesta hasta que el reloj del ayuntamiento diera las seis, hora de comenzar a jugar en el *casino* (clandestina saleta situada en el primer piso, tras la prohibición) a la ruleta, al *black-jack* o al *pinacle*.

—¡Qué tarde llegas hoy, José María! ¿En qué te entretuviste? —le preguntó con socarronería tras su aparición, para sentarse en una butaca en penumbra, el vizconde de Lastra, de rostro oliváceo, mostacho engominado, cabellos encanecidos, al filo de los cincuenta, deportivamente vestido con pantalón de franela, corbata de punto y chaqueta de cheviot de Manchester—. ¿Echaste, acaso, en vez de la siesta, un polvo en casa La Madrid? ¿Qué tal las niñas nuevas? Me han hablado de una gaditana que es una verdadera escultura, no ha cumplido aún los quince y perdió el virguito apenas hace un mes. ¿Has estado con ella?

—No, Patricio, pero te agradezco la información. Iré esta misma tarde a conocerla y a disfrutar de sus primicias.

—¡Señores! Cualquier pretexto es bueno, al parecer, y tu llegada lo ha sido —dijo dirigiéndose a José María Carvajal el ilustre abogado Tomás Borbolla, ex diputado liberal del último gobierno parlamentario— para dar un quiebro al tema que tratábamos. Estaba comentando la frase que pronunciara en Los Amigos del País don Francisco Cambó cuando viniera a visitarnos, antes de ser nombrado ministro de Fomento: «Hay en la Península —dijo— tres ciudades matrices por su situación, su riqueza y su historia, Barcelona, Lisboa y Sevilla. Y yo desearía —añadió— que Sevilla fuera tan próspera como Barcelona. Desgraciadamente no lo es por carecer de una verdadera burguesía.»

—¡Cambó es un cerdo, precisamente por ser un burgués! —le respondió el vizconde de Lastra, levantándose y abriendo los brazos en actitud oratoria—. Y nosotros preferimos seguir siendo unos caballeros, que nos encanta hablar más de mujeres, caballos y toros que de finanzas. Y conste que usted, Borbolla, aunque no pertenezca a la nobleza, es para mí un señor, gracias a su preclara inteligencia y a haber contraído matrimonio con una dama de nuestra alcurnia.

José María Carvajal y Ximénez Enciso se levantó disimuladamente de la butaca en penumbra donde se hallara dulcemente reclinado con las piernas cruzadas —pendiente de la verticalidad de las rayas de su pantalón— y se alejó del cenáculo —donde la discusión de los contertulios despiertos y el sueño de los durmientes alcanzara su momento álgido en cuanto los ronquidos de los segundos ponían un contrapunto al resuello de los primeros— para dirigirse al ambigú y solicitar del *valet* un doble de *cognac* Napoleón antes de abandonar el Círculo y tomar un taxi en la parada de la plaza Nueva, frente al hotel Inglaterra.

* * *

A Pablo Carvajal y Ximénez Enciso no le era ajeno que de las sesenta iglesias, con independencia de la catedral metropolitana, con que contara la ciudad, más casi las seiscientas que completaban la archidiócesis, entre colegiatas, parroquias, capillas y conventos, el cuarenta por ciento de sus arciprestes, párrocos, coadjutores y capellanes que las regentaban hacían vida en común con *primas* o *sobrinas,* que compartían con ellos cama, mesa y mantel en sus moradas eclesiásticas, lo que no afectaba en absoluto, no obstante, ni a la proverbial tolerancia al respecto por parte de la Iglesia, siempre y cuando no dieran lugar a escándalo, ni del pueblo llano en también aceptar el hecho sin maledicencias; que hombres —pensaban— eran al fin y al cabo los curas y, como tales, necesitaban una compañera a su lado, lo que no desacreditaba en absoluto su oficio en las ceremonias litúrgicas de las alegrías y las tristezas: bautizos, matrimonios, entierros y funerales. Punto este último sociológicamente descuidado al analizar, ya que el anticlericalismo de amplios sectores del proletariado urbano y del campesinado andaluz no obedecían a tales razones —que no tenían para nada en cuenta desde la óptica de la comprensión del mundo desde su miseria y su desamparo—, sino a la actitud del clero de vincularse a las clases privilegiadas menospreciando las leyes de evangélica caridad que, sin embargo, predicaran en las catequesis y en los púlpitos. No obstante estas reflexiones que pasaban por su cabeza —mientras bajaba la escalera regia de mármol rosa y gris del palacio—, de ninguna de ellas se permitió, a lo largo de las dos horas que durara su visita, hacer ver y recordar a su eminencia reverendísima, de ejemplar comportamiento con los desheredados de su archidiócesis, ya que hubiera significado por su parte no sólo escudarse en ellas para justificar su conducta, algo que hubiera puesto en entredicho no sólo su falta de caridad hacia sus colegas y hermanos en Cristo, sino su honor de sacerdote católico y de caballero del Sur.

Ya en la calle, el canónigo lectoral —manteo al brazo y canoa en la mano— cruzó la plaza de la Virgen de los Reyes para dirigirse, entrando en la catedral por la Puerta de los Palos, a cumplir los oficios vespertinos, con el ánima partida en mil pedazos, pese a que la penitencia impuesta por el cardenal-arzobispo tuviera más carácter de curación de su espíritu que de expiación propiamente dicha en un sentido teologal. Conocedor de la condición humana y comprensivo, en la medida de sus limitaciones, lo había tratado más como a un enfermo que como a un pecador, más como un padre que como un pastor de almas.

—Peregrinar a Roma, o a Jerusalén —díjole—, no tendría para usted un carácter penitencial sino turístico, en cuanto su fortuna familiar le permitiría transformar el viaje en gira de recreo. Así que estimo, con independencia del cilicio que ha de usar a partir de mañana, que, tras el permiso que le otorgaré por un período de tres meses, permanecerá enclaustrado en el cenobio de la cartuja de Segovia, ciudad de la que fui rector en el seminario a principio de siglo. No obstante mi ascendencia en el episcopado, me temo que antes de un par de meses, dado los trámites burocráticos que hemos de cumplir, no será admitido durante esas ocho semanas que tarde en enclaustrarse, por lo que permanecerá en su puesto bajo solemne promesa de que por ningún motivo ni circunstancia volverá a ver más a lo largo de esos días a la baronesa, a pesar del parentesco que le une a ella, lo que haría posible un casual encuentro en el palacete de sus padres, donde ella podía acudir, como al parecer acostumbra, a visitar a su madre, dada la invalidez que la tiene postrada en un sillón de ruedas, según tengo entendido.

Ya en el templo hispalense, y antes de entrar en la sacristía mayor, Pablo Carvajal y Ximénez Enciso se encaminó, acompañado por los crujientes pasos de sus zapatos artesanales con hebillas de plata de ley, hacia la capilla de la Virgen de la Cinta, imagen de su devoción, ingenua escultura policromada de fines del siglo xv, con un cíngulo en la cintura y un rosario en la mano derecha, mientras con la izquierda sostiene el Niño que hojea un libro, y, arrodillándose ante el altar, se puso fervorosamente a rezar una salve, mientras las lágrimas rodaban, desde sus largas y sedosas pestañas, hasta las mejillas. De nuevo, al cabo de cuatro años, había entrado, desde tres meses atrás, en un período de dialécticas contradicciones donde la fe y la duda se hermanaban en un complejo *puzzle* de ideas contrapuestas, en parte por culpa de Carlota, su sobrina segunda, beldad de veintinueve años, que un mal día solicitara confesarse con él, hablándole de la impotencia de su marido, el barón de Halora, y de la única vez que había pecado de adulterio con un joven gañán de su cortijo de Castilblanco, mientras pensaba —en el pajar donde consumara la soez fornicación y *perdiera* definitivamente la virginidad, hasta entonces sólo a medias mantenida por mor de la incapacidad e ineficacia de su esposo— que era él, su tío Pablo, con el que se encontraba haciendo el amor y no con el tímido y discreto labriego, hijo del capataz del caserío.

A la emotiva salve en latín, sucedió la letanía de Nuestra Señora, mientras un puñal de estaño —como el de la Dolorosa que presidía la cama de hierro con perinolas doradas de su alcoba— pareciera atravesarle el corazón: *Sancta Maria, Sancta Dei Génetrix, Sancta Virgo Virginum...*

* * *

Tras hacer detenerse el taxi en la puerta de Los Gabrieles, bodega y fonda de arrieros y comisionistas, situada en la plaza de Armas, para comprobar si se encontraba allí, como era en él habitual muchas tardes, Luis Pacheco, alias *Lilú*, su amante de corazón, ex novillero y monosabio de la plaza de toros de la Real Maestranza de Caballería, y no hallarlo ni en el mostrador ni sentado en ninguno de los veladores de hierro colado con tapas de mármol del comedor de la posada, donde los mozos de cuerda de la estación de ferrocarril y los golfos de bufanda y gorrilla jugaban al chamelo, mientras bebían cañas de manzanilla sanluqueña o mosto del Condado y fumaban cigarrillos de tabaco de contrabando, José María Carvajal indicó al chófer que dirigiera su destartalado Citroën hacia el barrio de San Bernardo, concretamente al corral de vecinos de la calle Almonacid, donde tenía arrendada una habitación —que compartía con su madre— su joven, apuesto e infiel amante. Hacía exactamente una semana que no se veían, tras una acalorada discusión por culpa de uno de sus habituales ataques de celos; pero su decisión irrevocable de hacer, al precio que fuera, con él las paces, le obligaban a su búsqueda aunque, de no hallarlo en su casa, se viera sujeto a recorrer todos los antros que el ex novillero solía también frecuentar, con independencia de las tabernas de su barrio, desde la venta Eritaña a la de Antequera, desde la cava de los Gitanos a la de los Civiles, pasando por La Europa y los callejones y costanillas de la Alameda de Hércules.

* * *

La baronesa de Halora, tras poner una nueva aguja a la gramola a la que acabara de dar cuerda para oír la placa de un tango de Carlos Gardel, comprada junto a otras aquella misma mañana, prendió un cigarrillo inglés *Clipper* —que previamente había colocado en una larga boquilla de ámbar— con su encendedor de plata maciza y volvió a recostarse, entre cojines de cretona, en la otomana de su saloncito *modern style* decorado con farolillos japoneses, biombo chino, abanicos filipinos, caracolas marinas, maceteros y sillas de cañas de bambú, alfombras persas y estufa *Flankin*, utilizada más para quemar alhucema, sándalo, incienso y papel de Armenia, que para calentar la pequeña estancia colgada de litografías expresionistas alemanas y sanguinas de Ramón Casas.

Las letras y la música de tangos y milongas rioplatenses, particularmente las de Gardel, la conmovían hasta los límites mismos de la melancolía. Sin embargo, no dejaban de entusiasmarla, pese a la tristeza que le infundían, porque de alguna manera se encontraban asociados a sus años de soltera, cuando en estío salía del pensionado del colegio de las monjas irlandesas, de Castilleja —convento que ocupara la antigua casa-palacio de Hernán Cortés— y marchaba a veranear a Sanlúcar, a cuyo balneario llegaba puntualmente con su familia en barco, navegando río abajo, en el vapor de línea con las toldillas empavesadas, la segunda quincena de junio, permaneciendo en la ciudad hasta los últimos días de setiembre.

Habían dado ya las ocho en el reloj de la Giralda, tan próxima a su casa, ubicada en el barrio de Santa Cruz —antigua judería— y faltaba aún una hora para el regreso de su marido, que pasaba por lo menos un par de ellas cada tarde en el Círculo Conservador, desde donde prefería dar las órdenes pertinentes para el buen gobierno de su hacienda a sus dos administradores, el de sus fincas urbanas, un ex escribiente de notaría, y el de las rústicas, ex sargento de la Guardia Civil, buen conocedor del campo y del trato que habían de recibir los capataces de las cortijadas y los peones fijos de las ganaderías y eventuales de la siembra y la siega.

A las cinco había recibido Carlota, y tomado con ellas el té, a tres íntimas amigas, antiguas condiscípulas, también casadas como ella, que si bien no habían contraído con aristócratas, lo hicieran, sin embargo, con ilustres primogénitos, vástagos de antiguas, adineradas y honorables familias y que ejercían profesiones liberales —médicos, abogados y arquitectos— más como entretenimiento que por vocación. Las tres se encontraban ya cargadas de hijos, a pesar de no haber cumplido tampoco aún los treinta años; niños que cuidaran nurses y niñeras mientras ellas, tras la misa y las mañanas de compra de chirimbolos y trapos, rotaban invariablemente visitas por la tarde o recibían en sus respectivas casas. Naturalmente, no eran sólo tres sus íntimas, sino hasta una docena, a las que habría de añadir la de sus excelentes relaciones sociales dentro de la aristocracia o la alta burguesía —término discutible en cuanto sus intereses económicos no eran urbanos sino rurales—, como ella, discípulas de las Irlandesas —internas o externas— o antiguas alumnas de las Concepcionistas o del colegio del Valle, cuyo jardín romántico en más de una ocasión recorriera, a propósito de alguna fiesta de fin de curso que se celebrara en el convento; al igual que invariablemente asistiera cada año —como esposa de antiguo alumno— a la proclamación de *dignidades* en el colegio de los jesuitas.

Del total de todas sus íntimas sólo ella no había sido —ni sería nunca— madre, no ya por la, más que impotencia propiamente dicha, ineficacia sexual de su marido, sino por motivos, según su ginecólogo, de poseer una matriz infantil; hecho éste que ya presagiaba desde sus veintitrés años, en cuanto habiendo perdido entonces la virginidad en brazos de un apuesto guardiamarina de un buque escuela italiano, que había hecho escala en visita de cortesía al Puerto Fluvial, y con el que siguiera haciendo fieramente el amor a lo largo de los quince días que el barco permaneciera anclado en el muelle del paseo de las Delicias, no sintiera la menor palpitación en su vientre a pesar de sus angustias y preocupaciones de haber quedado encinta.

Así pues, la razón de haber mentido a su tío —primo hermano de su madre— cuando con él se confesara hablándole de su entrega al gañán de las merinas del cortijo de Castilblanco, lo que, en efecto, fuera cierto, aunque —por descontado— en otra medida, no se trató más que de un subterfugio para lograr los primeros pasos de permitirse tener en él un discretísimo amante fijo, del que se hallara tan necesitada; con independencia de que, desde niña, le hubiera fascinado la apostura de Pablo, sólo ocho años mayor que ella, el relámpago de sus ojos, su preclara inteligencia y su hábito; que, como bien cuentan viejas consejas andaluzas, las ilustres damas, casadas, con maridos impuestos por culpa de su alta condición social, prefieran la carne de sotana o de sable; que ni los códigos, de la castidad y del honor, permiten ni a los clérigos ni a los militares proclamar a los cuatro vientos sus secretos amores, ni sus aventuras galantes, con señoras.

El tango de Carlos Gardel tocó a su fin. Carlota Rosillo y Ximénez Enciso levantóse de la otomana, dio la vuelta a la placa para oír la otra cara y volvió, tras encender un nuevo cigarrillo, a tenderse en ella (las piernas cruzadas, la falda a medios muslos, a la altura de las ligas; irisados de reflejos los ojos de gato de los botones de sus zapatos de trabillas; el vértice del escote dejando al aire la canal de sus pequeños senos —níveas palomas ansiosas de succiones— hasta donde llegaba el largo collar de perlas engarzadas en platino), mientras daba mil vueltas a su cabeza de hembra en pleno celo para descubrir la mejor manera de verse a solas —y en lugar propicio— con Pablo; algo que hasta ahora no había logrado; aunque la noche del baile de máscaras en el palacio de la marquesa de Benahoján estuviera a punto de tomar de la mano a su tío (al que habían obligado, pese a su rotunda negativa, jocosamente, todas las damas y damiselas presentes en la fiesta, a disfrazarse de Arlequín, traje que la marquesa mandara buscar a su doncella a uno de los desvanes de la casa) y arrastrarlo hasta una de las ocho alcobas de huéspedes; posiblemente, al menos la mitad de ellas, ocupadas por parejas que desaparecieran misteriosamente mientras corría el champagne, y la orquestina (piano en el que interpretara su tío un par de valses de Strauss) desgranara tangos, mazurcas, pasodobles y *fox-trot,* en el estrado del gran salón rococó, con las paredes forradas de seda rosa y el techo pintado al fresco con una escena mitológica, reproducción de un original de Francesco Albani: Venus, en un vergel florido, sentada y servida por ninfas y amorcillos ocupados de su tocado.

Realmente la ciudad —excluyendo su propia alcoba y su saloncito íntimo— no contaba, según ella, con discretos amueblados para tales fines, encontrándose poblado de ellos sin embargo. El amor, tanto con Luigi, el guardiamarina, como con Josele, el hijo del capataz, lo había hecho, prácticamente, al aire libre; luego sólo en su propia casa podría verse a solas con su tío; aunque falazmente soñara poder hacerlo en la *suite* del Ritz, de Barcelona, donde pasara tan amargamente tres noches en el transcurso de su viaje de falsa luna de miel.

Cuando dio la media de las ocho en el reloj de la Giralda, Carlota abandonó el saloncito y se dirigió al *office* para tratar con la gobernanta problemas domésticos, encontrando en él, sentados, a su *femme de chambre* y a su chófer; la una demasiado joven y el otro demasiado viejo ya para que cupiera entre los dos ninguna relación erótica. No obstante, advirtió un cruce de miradas entre ambos que la hizo sospechar la posibilidad de un idilio; lo cual no sólo la divertía secretamente, sino que le daría pie —de ser cierto, algo que tendría que comprobar, siempre guardando las debidas distancias sociales— a convertirlos en sus cómplices, caso que necesario fuera lograr sus propósitos de convertir al canónigo lectoral en su amante.

* * *

Tras haber terminado los oficios vespertinos en la catedral y avisado por uno de los criados de su casa que su señora madre, la condesa, había sufrido aquel anochecer una grave recaída en su dolencia, Pablo Carvajal y Ximénez Enciso salió de la iglesia mayor por la Puerta de los Palos y, dejando a su izquierda el palacio arzobispal, tomó la calle Mateos Gago arriba para llegar siete minutos más tarde —tras cruzar el zaguán con zócalos de azulejos del dieciocho y artesonado de madera labrada y policromada— al cancel de forja para tirar a continuación del llamador de relumbrante cobre que hizo sonar, en su pequeña espadaña de ébano, el campanil de llamada, de timbre tan dulce y sonoro como el de un carillón.

CAPÍTULO SEGUNDO

Muerte repentina de la ilustre dama. Extremaunción y mortaja. Rodapiés cruzados y portón cerrado a medias. Otras exteriorizaciones del luto. Los amores malditos de Blanca y Lucía. Conversación de Pablo con su hermano José María. Conversación de la baronesa de Halora con su tío José María. Solemnes funerales de corpore in sepulto. *El entierro en el panteón familiar. El rezo del rosario en el transcurso de la exhumación. Carlota Rosillo y Ximénez Enciso, la baronesa, rompe, sin querer, un jarrón de porcelana china correspondiente al período de la dinastía Ming.*

TRAS CERRAR LOS AZULES OJOS —aplicando suave y dulcemente las yemas de los dedos cordial e índice sobre los párpados ya gélidos— de su difunta madre, el canónigo lectoral se postró de rodillas y pronunció en latín el oficio de difuntos: *Oremus, Quaesumus. Domine, pro tua pietae miserere, anima famulas... Per Dominum nostrum... Amen.* Tras él se encontraban, arrodillados también, Blanca, Lucía y el doctor, mientras su padre, el conde, era mantenido —a base de infusiones de tila y *agua de azahar*— en su butaca preferida de la mal llamada biblioteca ya que, fuera del diccionario Espasa, la *Historia de España* de Modesto Lafuente y Juan Valera y el *Año cristiano*, de Jean Croisset, S. J., ni un solo libro más se alineaba en los anaqueles, dedicados a la exposición de la plata y de la cerámica china e inglesa de las vajillas. Sólo el primogénito, José María, se hallaba ausente, en cuanto aún no había regresado tras su salida de la casa, después del almuerzo, y los esfuerzos que se hicieran por localizarlo resultaran inútiles. No se encontraba ni en los Círculos, de Labradores y Conservador, la parrilla de los hoteles —Cécil, Madrid, Inglaterra— ni en ningún cabaret, venta o casa de amigos y familiares a los que se telefoneara.

La muerte, por paro cardíaco —confirmado por el doctor Jesús Iglesia (apellido judío converso), catedrático de medicina interna de la Facultad universitaria y colaborador del Instituto de Higiene, el centro médico más moderno de la ciudad—, sobrevino tras cuatro horas de agonía, aunque con la total pérdida de conocimiento ocurrida sólo unos minutos más tarde de sentirse indispuesta en el sillón de ruedas, desde donde fuera conducida a su cama, en la que recibiera, a la llegada de su hijo Pablo, el sacramento de la extremaunción. Una hora después de su deceso, a las doce y cinco de la madrugada, dos hermanas de la Cruz la amortajaron con el hábito de las Jerónimas del monasterio de Santa Paula, según sus deseos, expresados en el testamento que, aunque naturalmente no fuera aún abierto, se conocía.

A las siete de la mañana, y tras la llegada del féretro de caoba y bronce, enviado por la funeraria Apocalipsis, la capilla ardiente fue instalada en el gran salón-recibidor, colgado previamente de tapices, reposteros y cortinas de gasa y terciopelo negro, así como rodeado el túmulo por cuatro grandes cirios morados dispuestos sobre candeleros de plata y presididos por un crucificado de marfil, cedido en calidad de préstamo —por tres días— por el Cabildo Metropolitano, a dos de cuyos miembros se comunicara telefónicamente el fallecimiento, así como también al *familiar* de su reverencia ilustrísima. Con anterioridad se había llamado ya a la prensa —exceptuando *El Liberal*—: *Noticiero Sevillano, La Unión, El Correo de Andalucía* y, por conferencia, al *ABC* de Madrid, para la inserción, a media página, de la esquela mortuoria; texto que redactara el canónigo lectoral en los siguientes términos:

†

Rogad a Dios en caridad por el alma de
la Ilustrísima señora condesa
DOÑA BLANCA XIMÉNEZ ENCISO Y CRESPO
esposa que fue del
Ilustrísimo señor don José María Carvajal y Zúñiga, conde de Carrión de los Molinos, maestrante de la Real de Caballería, de Sevilla, Hermano de la Caridad del venerable Miguel de Mañara y de la Primitiva Hermandad de los Nazarenos de Sevilla y Archicofradía de la Santa Cruz en Jerusalén, Nuestro Padre Jesús Nazareno y María Santísima de la Concepción.
Que descansó en la paz del Señor el día 7 de febrero de 1926, confortada con los Santos Sacramentos y la bendición de Su Santidad.

R. I. P. A.

Su esposo, don José María; sus hijos, don José María, don Pablo, doña Blanca y doña Lucía; sobrinos, primos y demás parientes y afectos,
RUEGAN a sus amistades la encomienden a Dios, Nuestro Señor, y asistan a los solemnes funerales de corpore insepulto *que se celebrarán en la parroquia de Santa Cruz el día 9 de los corrientes a las 10 de la mañana, así como a su entierro, en el panteón familiar del cementerio de San Fernando, a las doce y media del mismo día, por cuyo acto de caridad le quedarán eternamente agradecidos.*

Vivía: Calle Aire, palacio Condal.
Hay concedidas indulgencias de la forma acostumbrada.

* * *

Bien entrada la mañana, pálido, demacrado, ojeroso, crecida la barba y completamente embriagado, un taxi dejó a José María Carvajal y Ximénez Enciso en la esquina de la calle Aire —sin tránsito rodado, dada su estrechez— con el callejón del Mármol, donde se alzaran dos monumentales columnas romanas, gemelas a las de la Alameda de Hércules, a sólo unos pasos de la puerta de su casa donde, en señal de duelo, habíanse cruzado ya los rodapiés, cerrados por entero los tapaluces de las ventanas y, a medias, el portón del zaguán, de madera de ácana, llamador y clavos de bronce, y dispuesta una alfombra que, desde el poyo, llegaba al cancel y se prolongaba hasta ambas alas del cenador del patio, a cuya derecha se había instalado una mesa con tapete de seda negro y gran bandeja de plata, dispuesta para recoger las tarjetas de visita, dobladas en señal de duelo, así como el álbum de firmas para expresar el pésame. Olía a cera, a incienso y a alhucema —quemados en los braseros instalados en las estancias del palacete—, a tisana, a café recién hecho. Y a muerte.

* * *

Pese al hecho social de la prohibición en las clases altas —que sólo en esto y en su amor por los caballos imitaban a los ingleses— de exteriorizar sus sentimientos y pesares con llantos, histerismo y torrentes de lágrimas, las dos hermanas, Blanca y Lucía —tal como sucediera a su padre, el conde, aunque ya su crisis hubiera sido aparentemente superada—, entraron en una fuerte tensión emocional, revelada en sus respectivas alcobas solteras, en silenciosos llantos, no obstante, para que no fuesen oídos por la servidumbre. Recuperadas, sólo a medias, al cabo de unas horas, sobre las diez de la mañana, telefonearon a su modisto, de los almacenes Peyré, de la calle de los Francos —conocedor de sus respectivas tallas y medidas— para que en el plazo más breve posible le confeccionasen y enviaran los primeros vestidos de luto. Mientras tanto, se enfundaron en los trajes más oscuros que encontraran en sus roperos —a los que acompañaron con medias, zapatos y chales negros—, dispuestas a recibir las primeras posibles visitas y contestar al teléfono —por supuesto, sólo en casos muy particulares y concretos— que, inevitablemente, habrían de producirse tras la publicación en los periódicos de la mañana de la esquela mortuoria.

Blanca y Lucía, de treinta y cinco y treinta y tres años respectivamente, no sólo permanecían aún solteras, sino que ambas, por distintos motivos, habían renunciado años ha definitivamente al matrimonio. Blanca, cuyo novio, su único y gran amor, el teniente de artillería Álvaro Zacastín y Bermejo, primogénito de los marqueses de Sethenil, encontró la muerte en el transcurso de una operación de castigo a las cabilas rifeñas en octubre de 1912, y Lucía, que rompiera sus relaciones con el barón de Onix al enterarse de que su prometido no sólo mantenía una *entretenida* en el barrio de San Bernardo, beldad de rompe y rasga, ex cigarrera de la Real Fábrica de Tabaco, sino que tenía con ella dos hijos a los que había reconocido, y con la que, tras su ruptura con Lucía, terminara casándose, trasladándose con ella y sus dos vástagos a Málaga, donde —como socio capitalista— fundara un laboratorio farmacéutico cuyo prestigio y renombre se hiciera famoso hasta diez años más tarde, durante la guerra civil y la toma de la ciudad por los legionarios italianos, en que fuera fusilado junto a su socio, acusados de masones, por orden del general Queipo de Llano.

Rubias, feúchas, pecosas, de ojos azules y cuerpos espléndidos aún, pese a haber sobrepasado la treintena, Blanca y Lucía —unidas por mustios lazos de comunes frustraciones, aunque de distinto orden— decidieron dedicar sus vidas a la catequesis parroquial y a los roperos de la Congregación de San Vicente de Paúl, negándose a hacer vida de sociedad, lo que no les impedía, sin embargo, seguir manteniendo armoniosas y cálidas relaciones con sus antiguas condiscípulas del colegio del Valle y amistades de su propia esfera, lo que las obligaba, inevitablemente, a recibir dos veces por semana, limitado a un solo día desde la parálisis progresiva que comenzara a sufrir su madre tres años atrás, coincidiendo con la llegada al poder —desde el Directorio Militar, calificado por algunos intelectuales de *despotismo templado*— del Capitán General de Cataluña; ante cuyas dos circunstancias concurrentes el conde asegurara en su tertulia del Casino Conservador: «La mano derecha de Dios ha salvado al país, la izquierda ha flagelado mi casa.»

Ingenuas, cándidas, generosas, enemigas de rumores, chismes, dimes y diretes, cuando una de sus íntimas amigas, viuda de un conocido y prestigioso militar del arma de Caballería, se atreviera a sugerirles, sutilmente, la posible *liaison* sentimental que podía existir entre su hermano Pablo y su sobrina Carlota, por ellas muy querida, pese a su veleidad y frivolidades, fue puesta simple y llanamente en la calle, impidiéndosele *per seculo* su presencia en la casa y rompiendo con ella todo tipo de relación, pese a haber sido una muy amada condiscípula; lo que no impediría que fuese precisamente de ella la primera llamada telefónica de pesar que llegara al palacete, anterior incluso a la de su reverencia ilustrísima y a la de la baronesa de Halora que, a mediodía, se presentara en la casa rigurosamente vestida de luto, aunque con una elegancia un tanto inoportuna, lo que la hacía parecer más una actriz de la Comédie Française que una sobrina-nieta de la difunta.

* * *

Cuando abandonó el modesto —y único— cuarto de baño del palacio, con tina de gresita inglesa, grifería alemana y paredes enjalbegadas (prohibido a la servidumbre, que se veía obligada a utilizar los antiguos retretes de pozos negros y los palanganeros de sus respectivos cuartos de domésticas y lacayos situados en el último piso, entre la azotea y el desván), José María Carvajal y Ximénez Enciso, tras su afeitado y baño, cambió en cierta medida el desaliñado aspecto que ofreciera a su llegada tras una madrugada de manzanilla sanluqueña y cante jondo en la venta del Charco de la Pava, donde coincidiera con el cantaor Pepe el de la Matrona y el guitarrista Niño de Segura, que puso a su inmediato servicio para dar cauce a su melancolía; lugar al que acudiera —como último recurso— tras la imposibilidad de encontrar en ningún sitio de la ciudad del Betis, ni en sus aledaños, a su ex amante del que le aseguraran haber visto salir del Pasaje del Duque, del brazo del hijo del marqués de Trueba.

Su resaca alcohólica, a la altura de su depresión espiritual, no le impidió, tras haberse vestido completamente de negro, exceptuando la camisa de seda natural de color cruda, ponerse de inmediato a la altura de las circunstancias. El amor por su madre era tan aleatorio, en razón de las ocultas amarguras de su infancia, que su muerte le produjo menos pesar que no haber hallado la pasada madrugada a *Lilú*, lo que no le impidiera mantener —cara a sus hermanos y a su padre— una actitud de aparente arrepentimiento por haber pasado la noche fuera de casa precisamente coincidiendo con el deceso de su madre, a la que no se encontrara vinculado por ningún sentimiento, ni de odio ni de amor ni de ternura, en cuanto sólo en su ya difunta también ama había encontrado desde niño una verdadera madre y de púber y adolescente alguien que descubriera, comprendiera y aceptara su secreta ambigüedad.

* * *

Antes de salir de su casa para decir en solitario una misa de difuntos en la capilla de la Virgen de la Cinta para encomendar el ánima de su madre, el canónigo lectoral, una vez puesto en orden y haber dado las instrucciones pertinentes para cumplir el protocolo que habría de seguirse a partir de la colocación de la capilla ardiente, ya instalada, encontró a su hermano José María sentado en una butaca de la biblioteca leyendo una novela, recién publicada en castellano, acabada de adquirir, y que había tomado del estante de su librero —vitrina inglesa de caoba y madera de naranjo— con buró abatible y secreter, que decorara uno de los testeros de su alcoba: *Los Buddenbrook*, de Thomas Mann, con Oscar Wilde y lord Byron, uno de sus autores predilectos. Biblioteca de la que se había ausentado ya su padre, instalado por sus hijas en uno de los cuartos dedicados a los huéspedes situado en el segundo piso.

Se contemplaron ambos hermanos con unas fulgurantes miradas en la que parecieran desnudarse psíquicamente el uno al otro, siendo Pablo el que terminara por romper el silencio con una pregunta formulada más como consejo que como recriminación y reproche:

—No voy a preguntarte, naturalmente, dónde pasaste la noche, algo que sólo afecta a tu conciencia, y también a tu honor. No obstante, ha sido para todos muy doloroso, especialmente para tus hermanas, el que no lográramos localizarte. El aspecto que traías a tu regreso no podía ser ni más vergonzoso ni más deplorable.

—En efecto. Tienes toda la razón. Es preciso guardar siempre las formas y en esta ocasión perdí los estribos. Soy consciente de ello. La coincidencia de mi estado de ánimo —que tengo sobrados motivos para tener— y la muerte de mamá ha significado para mí la entrada en una fase de depresión que difícilmente superaré, a pesar de mi aparente frialdad y que me descubras leyendo, como si nada hubiera sucedido. Pero así es la vida, ¿no crees? Reconozco, no obstante, que mis inclinaciones, que conoces y pretendes ignorar, tan severamente juzgadas por nuestra sociedad, se encuentran moralmente disculpadas por el hecho que me justifica, en parte, ante Dios, que así me hizo. No he tenido, al menos, la hipocresía de casarme como es habitual en los primogénitos de la nobleza; más teniendo, como en mi caso, un hermano clérigo y unas hermanas que han renunciado al matrimonio, lo que significa que, cuando todos muramos, desaparecerá nuestro linaje. Lo que te voy ahora a decir no me disculpa en absoluto de mis flaquezas; pienso que el gran error no es el mío —en cuanto no puedo luchar, ni lo pretendo, contra mis naturales inclinaciones ya que, como dice Omar Khayyam, *tembló la mano del divino alfarero*— sino tuyo.

—¿Qué dices, José María? ¿De qué me pretendes acusar?

—De haber elegido, no sé exactamente si por vocación, ya que eras un niño cuando entraste en el seminario, o por influencia de mamá, que en paz descanse, la carrera de clérigo, que te impide dar nuestros títulos y apellidos a los hijos que, en instantes de debilidad de la carne, pudieras tener. No te ofendas. Si tú te niegas a aceptarme como soy, yo en cambio te acepto como eres y sé, rumores que no he confirmado y que partiría la crisma al que me enterara intente divulgarlos, que sientes una especial inclinación por Carlota, cuyo marido, por cierto, sé muy bien de qué pie cojea.

—¿Cómo es posible que puedas pensar...?

—No lo pienso, no. Aunque me importe; porque si en este país nuestro existiera el divorcio y la Iglesia fuera más tolerante en juzgar una *apostasía* justificada por el amor, de manera que pudieras, sin ser excomulgado, colgar los hábitos y ella solicitar la anulación, algo que quizá sea posible acudiendo al Tribunal de la Rota, el problema de la continuidad de nuestro linaje quedaría resuelto —contestó José María Carvajal a su hermano, tan pálido casi como cuando fuera recibido por su reverencia ilustrísima, sin imaginar que su sobrina Carlota no podía tener hijos.

—Tus palabras son sacrílegas; pero te las perdono como hermano y como sacerdote.

—No seas conmigo mendaz, Pablo, pues bien sé que nunca con nadie lo fuiste. ¿Sabes que Carlota ha llegado y se encuentra con Lucía y Blanca ayudándolas a cumplir las reglas de protocolo que tú has ordenado?

—No. Gracias por decírmelo. Y ahora discúlpame —terminó diciendo el canónigo lectoral—. Voy a ofrecer mi misa de hoy por el alma de mamá, antes de que den fin, en la catedral, a los cultos matutinos. Y que Nuestro Señor Jesucristo y María Santísima nos perdone a los dos.

—Sí, Pablo, nos perdonará. Como, hemos de suponer, haya perdonado también a nuestra madre.

—¡Una santa!

—Que Dios, con su infinita misericordia —replicó José María, cual si fuera un sacerdote católico el que por su boca hablara—, la haya absuelto de su falta de comprensión y amor hacia sus hijos, especialmente a lo que a mí y a mi vida se refieren, Pablo.

* * *

Blanca Ximénez Enciso y Crespo —hija de un teniente coronel del Ejército colonial— había nacido en Manila el once de abril de 1860, coincidiendo su natalicio con el pronunciamiento carlista de San Carlos de la Rápita. Antes de cumplir los once años, tras el regreso a la Península de la familia después del ascenso de su progenitor a coronel, destinado a la Maestranza de Artillería de Sevilla, ingresó en un pensionado madrileño de monjas clarisas, regresando a los quince a la ciudad del Betis y contrayendo sólo cuatro años más tarde matrimonio con el primogénito de los condes de Carrión de los Molinos —título fernandino—, José María Carvajal y Zúñiga, teniente de Húsares de la Reina y biznieto materno de un usurero que había logrado multiplicar su patrimonio por diez mil, tras la compra de bienes de manos muertas de la Iglesia gracias a la Ley de Desamortización de Mendizábal, lo que lo transformaran de *banquero* en terrateniente, algo habitual en la Andalucía isabelina, aunque la familia, elevada socialmente, renunciara —como el veinte por ciento de las que habían seguido la misma trayectoria y camino, al transformarse en propietarios rurales y cruzarse con una aristocracia en crisis económica— al absentismo y a desplazarse a Madrid para hacer vida cortesana y abrir palacetes en la Castellana o casas señoriales en Argüelles. Al cabo de dos años de matrimonio, José María Carvajal y Zúñiga cambió sus guarniciones de silla militares por las camperas, solicitando su baja en el Ejército y dedicándose, tras haber heredado el título, a administrar su patrimonio, a los que añadió el de su mujer, superior incluso al suyo, llegado también por vía materna; administración llevada a cabo, naturalmente, a través de segundos y terceros —escribientes, recaudadores y capataces—, limitándose a crear una infraestructura razonable que le permitiera —sin verse obligado a desperdiciar su vida en inspeccionar siembras, recolecciones, ganado y tenedurías de libros— dedicarse a tirar al pájaro, correr la liebre, y asistir a las monterías organizadas por sus correligionarios en Sierra Morena y en los montes de Cádiz. Los bienes muebles e inmuebles de su mujer, Blanca, hija única, tenían una procedencia entroncada en avatares semejantes. Biznieta de banqueros genoveses —aunque hubiera perdido ya sus apellidos de la Italia del norte—, se remontaban a los siglos XVII y XVIII, por lo que, paradójicamente, su familia resultaba ser de más *antiguo* linaje y de sangre más *limpia*, pese a los anteriores matrimonios de los ligures, francos, flamencos y germanos asentados en la ciudad, con hijas de judíos conversos, lo que les hiciera reforzar su poderío mercantil y económico, así como su influencia con el ducado de Medina Sidonia. No obstante haber vivido desde los once años en España, y a partir de los quince en Sevilla, Blanca Ximénez Enciso conservó hasta su muerte un tic criollo concretado en donaires, sonrisas de complacencias, amor a la música, pereza física y mental, *spleen*, periódicas jaquecas, desamor por sus hijos —exceptuando el eclesiástico—, a los que trataba con insólita dureza y frialdad, y un sentimiento de profunda religiosidad al que se unía, no obstante, una morbosa curiosidad por las ciencias ocultas y un gran entusiasmo por las fiestas de sociedad celebradas al aire libre, las mantillas de encaje y las peinetas, los pericones y los abanicos; tratando invariablemente a la servidumbre como esclavos cipayos y a su marido tal su padre el coronel a sus subordinados, con una mezcla de desdén, desprecio y compasión.

Tendido —envuelto en su bata de lana escocesa— en la cama de un cuarto de invitados, José María Carvajal y Zúñiga, al que el fallecimiento de su esposa no había afectado tanto como intentara aparentar, pensaba que, a partir de su muerte, y a pesar de estar a punto de cumplir los setenta años, su vida cambiaría sustancialmente, lo cual no significaría que pudiera mantener ya entretenidas como hiciera a los cuarenta años y con las que se viera obligado a romper en cuanto su esposa —que contratara los servicios de un detective (¡o de una pitonisa!)— organizara tal escándalo —que no trascendiera, sin embargo, a los círculos sociales— que necesariamente renunciara a ellas, aunque continuara frecuentando los burdeles de fuste y las mesas de juego de los casinos. No, la muerte de su esposa no significará que abra de nuevo las puertas a los amoríos. No obstante, a partir del duelo y el tornaduelo, que reducirá a su mínima expresión, tendrá mayores ocasiones de frecuentar el Teatro del Duque —con sus espectáculos de revistas de jóvenes medio desnudas—, el Tiro de Pichón, la plaza de toros de la Real Maestranza de Caballería, el Círculo de Labradores y Propietarios y cenar, al menos tres veces por semana, en el Pasaje de Oriente o en la Real Venta de Antequera, y, en ocasiones propicias, conectar con alcahuetas organizadoras de *ballets roses*.

Tras pulsar el timbre para llamar a Eusebio, su mayordomo y marido de la cocinera, que después de repiquetear con los dedos en la puerta penetró en la estancia al cabo de sólo unos minutos, el conde de Carrión de los Molinos solicitó le trajera de su despacho una caja de habanos y, de la bodega, una botella de *cognac* Napoleón.

—¡Cuánto me alegra que el señor conde haya recuperado, en parte, su tono habitual, tras su comprensible angustia!

—Te equivocas, Eusebio; pero una copa de *cognac* aliviará mi tristeza y unos habanos distraerán mi melancolía.

—Comprendo perfectamente, señor conde. No obstante, y perdone el señor que se lo diga, sea moderado con el alcohol y recuerde que el doctor Iglesia le recetó unos tranquilizantes, incompatibles con la bebida, que ha tomado esta misma mañana, lo cual...

—¡Sellos de obleas rellenos de bicarbonato, estoy seguro!

—Puede que así sea, señor, que la confusa letra de los médicos impide descifrar los componentes de las fórmulas magistrales a cualquiera que no sea boticario. No obstante, señor conde, sea prudente.

—Gracias, Eusebio, lo tendré en cuenta. No digas a nadie, ni siquiera a Ramona, tu mujer, lo que te he pedido. ¿Ha quedado la casa acoplada correctamente al protocolo del luto?

—Sí, señor conde.

—¿Quién dio las instrucciones?

—Su hijo, el señor canónigo lectoral.

—Entonces todo estará en orden y no tengo de qué preocuparme. ¿Regresó, por fin, el señorito José María?

—Sí, señor conde.

—¿Cómo llegó? Dime la verdad.

—Perfectamente, señor conde, y en sus cabales.

—¿Fresco?

—Completamente, señor conde. Al parecer se vio obligado a pasar la noche en la hacienda del Aljarafe para solventar, por la mañana, unas gestiones que tenía pendientes, en el Ayuntamiento de Villanueva —mintió el *valet*—. En estos momentos se encuentra en la biblioteca. ¿Desea el señor conde hablar con él?

—No, Eusebio, en absoluto. Y gracias por tu falsa información. Lo que me da prueba de tu lealtad y fidelidad a todos los miembros de la familia. ¡Y pensar que ese sarasa de mi hijo heredará el condado y no ha sido aún, ni será, capaz de proporcionarme un nieto, aunque fuera el hijo de una cupletista lo suficientemente hábil para saber alegrarle la pajarilla y poder dar continuidad a mi linaje!

—¿Desea algo más el señor conde? —preguntó el mayordomo sin hacer el menor comentario.

—Nada. Eusebio; exceptuando la botella de *cognac*, el servicio y la caja de Montecristo.

* * *

Una vez dado fin a la misa de difuntos, sin feligreses ni monagos, dicha en solitario en el altar de la Virgen de la Cinta, el canónigo lectoral se dirigió a la sala de ornamentos —ya desierta—, se despojó de la casulla negra y oro y del resto del ropaje litúrgico —alba, estola, cíngulo...— del que se invistiera para celebrar el culto, dirigiéndose a continuación a su habitáculo de la casa de los canónigos para proceder a su higiene personal y cambiarse de ropa interior. Una frase de Ifigenia rondaba su cabeza desde la víspera, aunque su hermano José María, seguramente conociéndola, no había hecho a ella alusión en la conversación que ambos sostuvieran. De nuevo comenzó a reflexionar sobre ella, pese a su paganismo: *Cupido arroja sobre nosotros las flechas de su doble carcaj; unas nos proporcionan felicidad, otras desventuras.* Por primera vez en su vida un sutil hilo le vinculaba a su hermano, ya que le eran de sobra conocidos los desamores de José María y consciente de los propios, pese a su arrepentimiento en el sacramento de su confesión con el cardenal-arzobispo. Amaba a Carlota en una medida incapaz de siquiera poder medir con baremos humanos, y, posiblemente, Carlota no había tampoco mentido al decirle que se encontraba enamorada de él. Su conversación con su hermano había abierto, paradójicamente, nuevas puertas de esperanza a su corazón destrozado en dos vertientes, la de las flechas de Cupido y la de la muerte de su madre, a la que se encontraba unido por especialísimos afectos, posiblemente desde un complejo de Edipo, cuyas causas desconocía.

Aunque los sacerdotes católicos, siempre vestidos de negro, mal podían exteriorizar el luto por la muerte de un ser querido, Pablo Carvajal y Ximénez Enciso sustituyó sus zapatos con hebillas de plata por unos de cordones, sus calcetines de seda por unos de algodón, y cambió de sotana vistiéndose con una de tejido menos noble, peor cortada y con los ribetes color fucsia menos visibles. Luego tomó un manto, menos elegante y espectacular del que utilizara habitualmente, aunque acostumbrara llevarlo invariablemente al brazo, y la más raída de sus canoas y salió a la calle para dar la vuelta a la manzana de la catedral —ya que sus puertas todas se encontraban cerradas hasta las cuatro de la tarde— y dirigirse de nuevo a casa de sus padres. Pese a encontrarse la estación en pleno invierno continental —borrascas atlánticas sobre toda Europa y el norte de la Península—, la primavera había prácticamente llegado al Sur y la temperatura no bajaba de los quince grados, exceptuando la calle de su palacete, por algo bien llamada Aire, y la Punta del Diamante, antiguo toponímico (copiado seguramente del Palacio Real, de Madrid), esquina entre la calle de Génova y la de Alemanes, situada en la fachada norte de la catedral, la zona correspondiente a la antigua mezquita almohade, donde se alzara la Puerta del Perdón, una de las dos entradas al Patio de los Naranjos, a la que sería necesario añadir la renacentista que une exteriormente la parroquia del Sagrario con la Iglesia Mayor.

A su llegada al palacete familiar, una casa del siglo XVIII, de fábrica de piedra, mortero y ladrillos, tres pisos, azotea, mirador y treinta habitaciones, sin ningún estilo determinado, donde se mezclaban varios con cierta airosa armonía, dos balcones, un cierro, doce ventanas, incluyendo las claraboyas en forma de rosetas del desván, patio, cenador y pequeño jardín interior con una palmera, un jacarandá, un magnolio, algunos arreates de rosas y un jazminero, el canónigo lectoral, tras ser saludado por dos lacayos de enlutadas libreas, contratados en la funeraria, comprobó las tarjetas —dobladas en señal de duelo— que se amontonaban sobre la bandeja de plata cincelada, así como el álbum de firmas cuyo número pasaba del centenar. Luego, dio la vuelta al cenador, subió la escalera principal y se dirigió a la capilla ardiente, donde dos monjas de la Cruz y otras dos de Santa Paula velaban el cadáver —mientras rezaban la corona del rosario— depositado, ya en el ataúd de caoba y bronce, abierto, sobre un túmulo de terciopelo negro con galones de plata. El canónigo lectoral se hincó de rodillas ante los despojos mortales de su madre, abrió los brazos en cruz y fue contestando con su timbrada y turbadora voz la letanía lauretana guiada por una de las madres paulinas, donde los *miserere nobis* y los *ora pro nobis* eran sustituidos por *rogad por ella*.

* * *

La baronesa de Halora, desde su llegada, se había hecho prácticamente cargo de la casa. Impidió a sus tías —poco mayores que ella— que se vieran obligadas, dado su cansancio, a ningún tipo de disposiciones relacionadas con la vida doméstica; de tal manera que se presentó en el *office* y dio a la gobernanta, a la cocinera y a la servidumbre de cuerpo de casa las órdenes oportunas con respecto a la parquedad de los alimentos que debían ser condimentados dada la desgana familiar: crema de espinacas gratinadas y rodaja de merluza a la romana, a las que se añadiría, como postre, fruta del tiempo, café e infusiones de tila, manzanilla, poleo y hojas de limón. La cena no pasaría de sopa de verdura, tortillas francesas y fruta del tiempo también; pese a que aún no había llegado la Cuaresma, muy próxima ese año no obstante, y que no había que guardar ni ayunos ni vigilias. Una vez todo en orden, precisando otras sutilezas para mantener la casa en perfecto estado y, tras haber permanecido con sus tías un par de horas orando en la capilla ardiente, Carlota Rosillo y Ximénez Enciso se dirigió a la biblioteca, donde encontrara, sentado aún, somnoliento y con un libro en la mano, a su tío José María. Tras besarlo en ambas mejillas y abrazarlo con ternura y cariño, la baronesa tomó una silla isabelina forrada de seda a franjas crema y verde hoja seca y se sentó junto a él. La conversación que sostuvieran estuvo tan llena de sobrentendidos que —sin conocer ambos previamente los antecedentes de sus respectivas vidas íntimas— hubiera resultado incomprensible, en cuanto las claves y las alusiones tenían más de comedia de Oscar Wilde o drama de Ibsen que de entremés español, y menos andaluz.

—Con independencia del dolor por la muerte de tu madre, ¿cómo te encuentras, José María? —le preguntó la baronesa.

—¡Mal! Lo has dicho muy bien: *Con independencia...*

—Con independencia de tu *singularísima* situación emocional, convendría que te casaras con alguien a propósito que yo te ayudaría a encontrar. Hay en esta ciudad decenas de mujeres, de nuestra misma clase social, que no son ni *carne* ni *pescado*, lo cual facilitaría las cosas; lo que no sólo no impediría en absoluto cambiar tus preferencias, sino que te ayudaría a realizarte en innumerables ocasiones; con el atenuante, además, de que tu *singularidad* no te impediría tener hijos, lo que llenaría de ilusión a tu padre y a tu hermano.

—¿Por qué haces referencias a Pablo? A él no le afecta para nada, o al menos eso pienso, el mundo familiar, precisamente en esa vertiente, pese a su lucha diaria contra Lucifer, que tiene nombre, apellido y título nobiliario.

—¿Qué sabes tú de esa historia? No hay nada entre nosotros.

—¡Desgraciadamente!

—Lo dices así, tan tranquilo. ¿Acaso no te heriría nuestro, al parecer imposible, amor?

—Todo lo contrario, me satisfaría que él colgara los hábitos y tú te separaras de Alberto, tan *singular* también.

—¡Tú que sabes!

—Todo, Carlota. Ésa sería la única solución al problema de esos hijos de los que hablas y que yo nunca podré tener.

—Nos encontramos, pues, en idéntico caso, aunque en diferentes grados.

—¡Claro! ¡Tú no eres madre por razones obvias!

—Te equivocas. Yo no soy madre porque no puedo serlo; que de no ser ésa la causa, ya los hubiera tenido de cualquiera. A lo mejor incluso con mi marido, pese a su *singularidad*. Perdona, pero es una historia demasiado larga de contar.

—Me desconciertas y me asombras a un tiempo. ¿Matriz infantil?

—Sí, José María.

—Tus palabras me deprimen aún más de lo que estoy.

—Olvídalas. ¿Crees que tengo posibilidades de convertir a tu hermano aunque sea sólo en mi amante?

—Lo ignoro. No le conozco lo suficiente para poder juzgarlo. Bien sabes que si no es singular es, en cambio, un ser especial. Y, como sacerdote, sus relaciones con una mujer casada no pueden ser, creo, por él aceptadas. Si tú fueras soltera, todo sería distinto. La Iglesia ha sido, es y continuará siendo, en cierta medida, tolerante, mientras no anden por en medio ambos sacramentos. Son reglas secretas de un juego que, sin embargo, nadie ignora, aunque nadie se atreva a proclamar.

—Dame un cigarrillo. Me he dejado la pitillera en casa.

—No fumo inglés sino americano. Te puedo ofrecer un *Lucky*.

—Es igual. Dámelo. Y una copa, si eres tan amable. Pasados los nueve días preceptivos del luto quiero que vayas por casa para proseguir con más sosiego y calma esta conversación, iniciada en un día tan poco oportuno. ¿Vendrás?

—Espérame. Iré, querida Carlota. Además, yo también necesito de tus consejos de mujer con respecto a ciertas vicisitudes sentimentales por las que estoy pasando.

—Te echaré una mano en todo lo que necesites. A cambio, tú me ayudarás también a mí. ¿Estás de acuerdo?

—Completamente —contestó José María prendiendo el cigarrillo que tomara con mano temblorosa su sobrina Carlota de la pitillera de oro con sus iniciales y, bajo la corona condal, las armas y escudo de la Casa: una acequia bajo una puente en campo de gules, un león rampante y un puñal desenvainado en el cuartel inferior, sobre franjas bureladas.

* * *

El día —con cola de docenas de personas, al atardecer, en el zaguán para continuar depositando las tarjetas de visita en la bandeja de plata y firmando en el álbum— transcurrió apacible en la medida del infortunio. Pablo evitó, lográndolo, su encuentro con Carlota en la casa, y ella, tras la llegada de su marido, el barón de Halora, a primeras horas de la noche y asistir con él al rezo de un nuevo rosario en la capilla ardiente, pidió a sus tías disculpas para no quedarse al velatorio nocturno, en cuanto se hallaba completamente agotada y prefería pasar la noche en su propia casa para dormir unas horas y regresar al alba de la mañana siguiente, día en que tendría lugar tras el funeral de *corpore in sepulto* el entierro en el panteón familiar. Entierro al que, siguiendo las normas de conducta de todas las clases sociales de la tradición andaluza, no asistiría, siendo, como era, mujer y quedando, junto al resto femenino de la familia, amigas, y allegadas en la *Biblioteca* de la casa rezando oraciones por la difunta, letanías, jaculatorias y recomendaciones del alma hasta el regreso de los parientes y afectos del cementerio.

Dieron las campanadas de las diez de la noche en el reloj de la Giralda cuando Carlota, acompañada de su esposo, el barón, abandonaran la casa y entraran en el automóvil, que los aguardaba en la esquina del callejón del Mármol, cuyo chófer, tras quitarse la gorra forrada de piqué blanco, abrió la puerta trasera para facilitarles la entrada al sedán, de cuatro puertas y colores crema y negro.

* * *

A hombros de lacayos de librea, el ataúd, con el cuerpo sin vida de la condesa, precedido por la manguilla parroquial y los ciriales, elevados en alto por los monagos tocados con dalmáticas, rodeado de los criados de la casa llevando en la mano cirios negros encendidos, el cortejo fúnebre, seguido de centenares de asistentes y presidído por el cardenal-arzobispo, el conde de Carrión de los Molinos y sus dos hijos, José María y Pablo, tomó el camino de la iglesia de Santa Cruz, distante apenas trescientos metros del palacete.

A su llegada al templo, una vez dispuesto el féretro sobre el catafalco negro y plata, previamente colocado ante el altar mayor, dieron comienzo las solemnes exequias; funeral-misa de *corpore in sepulto* dicha por el párroco y dos presbíteros, acompañados de diáconos, subdiáconos y acólitos, mientras en el órgano, con las lágrimas rodándole por las mejillas, el canónigo lectoral dirigía, rodeado por la capellanía de los seises de la catedral y los violinistas y violonchelistas del teatro San Fernando, la *Misa de Réquiem* de Amadeo Mozart.

En los bancos de la derecha, las damas; en los de la izquierda, los caballeros, en el transcurso del funeral que durara casi dos horas, mientras las campanas doblaban a muerte. Tras darse por finalizado con las preces de rigor y acompañado musicalmente por *Pavana para una infanta difunta*, de Ravel, a solo de órgano, el féretro salió de la parroquia de nuevo a hombros, para ser depositado en la carroza fúnebre —con urna de cristales biselados, ángeles palominos en oro viejo y jarrones de plata con ramos de gladiolos— tirado por cinco caballos con gualdrapas y plumeros que iniciara el cortejo hasta el cementerio para el que había sido previamente contratados cincuenta simones de punto, a los que precedía, tras la fastuosa carroza, la berlina de la casa —coche de respeto— llena y colgada de coronas de flores y el auto Hispano, ocupado por el conde y sus dos hijos. El cardenal-arzobispo, tras dar a la familia el pésame, marchó andando calle de Mateos Gago abajo, acompañado de su paje, tras la despedida del duelo realizada en la puerta de la parroquia, para los que no pudieran, o no quisieran, desplazarse hasta el cementerio.

La cabalgata fúnebre, a trote corto los caballos, salió a la Ronda tomando el curso de la calle Fabiola y Santa María la Blanca, antigua sinagoga, y se dirigió hacia el camposanto dejando atrás la Puerta de la Carne, la de Carmona, la de Osario, el convento de los capuchinos y las murallas de la Macarena, para penetrar en la polvorienta carretera, orillada a uno y otro lado de huertas y vaquerías, incluyendo la Venta de los Gatos, en cuyo porche emparrado, Gustavo Adolfo Bécquer se sentara a escribir sus primeros poemas tras haber paseado por la umbrosa y verde ribera del Guadalquivir.

* * *

Delante de la capilla del cementerio, situada a la derecha de la rotonda, frente al depósito de cadáveres, tras la verja coronada con jarrones cubiertos por fúnebres crespones en hierro colado, y donde se alzaba una alta y hermosa palmera recién podada, el cortejo fue recibido por el capellán del camposanto, que tras un breve responso —de nuevo el ataúd a hombros de los lacayos de librea— abrió la marcha de la comitiva hasta el panteón familiar situado en la zona noble de la necrópolis hispalense, calle de la Fe, esquina a la de San Jerónimo, cerca de los mausoleos de los toreros José Gómez Ortega, *Gallito*, obra de Benlliure, de Manuel García Cuesta, *el Espartero* y de las criptas de los Letamendi, Puente y Pellón, Jiménez Iglesias... y a un tiro de piedra del monolito levantado en 1860 *a la gloriosa memoria del coronel don Bernardo Márquez, sacrificado por su lealtad a la Patria* (defensa de la Constitución) *en afrentoso cadalso el nueve de marzo de 1832.*

Los restos de Blanca Ximénez Enciso, condesa de Carrión de los Molinos, fueron exhumados en uno de los nichos horizontales del panteón tras un último responso. A continuación fue colocado el tapamento de mármol de Carrara, donde ya habían sido grabados nombre, apellidos, título y fechas del natalicio y de la muerte, y clausurada la verja de hierro forjado, de cuya llave, tras echarla, hizo entrega el capataz de los enterradores al conde que, en un teatral gesto, la depositó en manos de su hijo José María, como queriendo dar a entender que pasaban a él, como primogénito y heredero del título y pese a su *singularidad*, las responsabilidades de la Casa condal.

En el transcurso del entierro y mientras se encontraba rezando en la biblioteca, junto a medio centenar de familiares, amigas y demás parientes y afectos, la baronesa de Halora se levantó de la silla donde se hallaba sentada para dirigirse a la *toilette*. Quiso su mala fortuna que, sin querer y al pasar ante él, diera con el codo y dejara caer de uno de los anaqueles un gran jarrón de porcelana china perteneciente a la dinastía Ming, cuya cuantía estaba cifrada en cien mil pesetas, valor en la época suficiente para adquirir tres automóviles Hispano o Rolls, una casa —ubicada en una zona de la clase media de la ciudad— o un pequeño cortijo.

Hecho añico y desparramados sus trozos en el suelo de losetas de mármol de Bélgica, sus tías, Blanca y Lucía, presentes, no hicieron el menor comentario limitándose a llamar a una criada del cuerpo de casa para que recogiera cuidadosamente cada pedazo y los depositaran dentro de un cesto de mimbre.

Carlota Rosillo y Ximénez Enciso, sin embargo, se quedó lívida; no sólo ya por el valor, que conocía, de la pieza de porcelana que había destrozado, sino porque la rotura de un jarrón, como la de un espejo, es para la superstición andaluza, de cualquier clase social, inequívoco presagio de malos agüeros, tal como derramar sal, tinta o aceite.

CAPÍTULO TERCERO

*El final de la primavera. Rebaja a dos meses
de la penitencia impuesta al canónigo en la cartuja
de Segovia. La hacienda del Aljarafe. Pablo Carvajal
y Ximénez Enciso pasa tres semanas de vacaciones
con los suyos en Sanlúcar de Barrameda. El mundo
de Blanca y Lucía. Reencuentro con la baronesa
en el balneario. Los caprichos de Lilú. Vuelo
en avioneta, por el delta del Guadalquivir, de Carlota
y su tío José María, pilotada por el capitán Ignacio
Hidalgo de Cisneros. Cupido entra de nuevo
en juego y vuelve a lanzar las flechas de su carcaj
sobre el canónigo de la catedral metropolitana.*

LA PRIMAVERA TOCÓ DEFINITIVAMENTE a su fin a mediados de mayo, a pesar de no haber llegado el estío a la Ciudad de la Gracia (y de las desgracias). Ni la Casa condal ni los familiares más directamente vinculados a ella —entre los que se encontraban los barones de Halora—, guardando el riguroso luto preceptivo, pudieron aquel año asistir ni a los palcos de la plaza de San Francisco para presenciar, en el transcurso de la

Semana Santa, el desfile de las Hermandades de Pasión; ni a la Feria de Abril, el hipódromo, la temporada de ópera, las corridas de toros, los cines de estreno, Pathé Cinema y Llorent, ni a la romería del Rocío, la más famosa peregrinación mariana española.

Al cabo de los veintiún días del deceso de su madre, el cardenal-arzobispo convocó a Pablo Carvajal a palacio y le dijo que, de alguna manera, la muerte de la condesa había significado para el canónigo lectoral un tan duro golpe que bien podía ser considerada como parte de la penitencia a cumplir por culpa de sus liviandades; lo que no impediría, no obstante, que habiendo obtenido ya los consiguientes permisos y licencias, se viera irremisiblemente obligado a pasar dos meses de *castigo* en la cartuja segoviana para expiar sus culpas.

Pablo Carvajal y Ximénez Enciso, tras su estancia en el monasterio, regresó a Sevilla una semana antes de la celebración —para oficiar como canónigo a sus vísperas y en el día de la procesión— del Corpus, cuya custodia de Arfe, fulgurante de reflejos, desfilara por las calles más céntricas de la ciudad, entoldadas para defenderlas del sol, y con el pavimento cubierto de claveles, romero, espliego y alhucema. Los dos meses de permanencia de Pablo, como un cartujo más, en Segovia, estuvieron para él llenos de reflexiones teológicas y magnificadas de simbolismo de los primeros cristianos, por lo que a su regreso su alma se encontraba purificada y liberada de tentaciones, que había logrado superar; en bien con Dios Nuestro Señor y la Santa Madre Iglesia, expresándoselo así a su prelado, del que recibiera la absolución definitiva en el Salón de los Apóstoles, donde había sido instalado un nuevo lienzo de Zurbarán que la condesa de Carrión de los Molinos donara en su testamento al palacio arzobispal.

Con la llegada del verano oficial, un mes más tarde, la ciudad se transformó radicalmente, como cada año (mientras las obras de la Exposición Iberoamericana —que la habían convertido en un inmenso taller de artesanía de alfareros, ceramistas y carpinteros— seguían ininterrumpidamente su curso), en un despoblado, socialmente hablando. Corría el dinero con fluidez en los diferentes estratos gremiales, gracias al trabajo, relativamente bien remunerado, de albañiles, canteros, herreros y marmolistas; mientras las nobles zonas residenciales se encontraban prácticamente desiertas tras la huida al campo o a las playas de las clases altas y las medias acomodadas. A cambio, los barrios periféricos y buena parte de los del centro mismo de la ciudad: El Arenal, Triana, el Fontanal, San Julián, San Marcos, San Bernardo, la Alameda y las ubicadas junto a las puertas de las antiguas murallas: de la Carne, de Osario, de Carmona, celebraban verbenas y veladas *(velás)* que ofrecían a sus vecinos una posibilidad de comunicación entre varones y hembras, tal como sucediera en el transcurso del mes de mayo con las Cruces en las corralas y casas de vecinos: del Conde, de San Juan de la Palma, de San Laureano...

El luto, sin embargo, no exigía la abdicación a las vacaciones estivales —siempre y cuando en ellas se renunciara a las fiestas de sociedad, no a los baños de mar ni a los paseos a caballo por las haciendas, dehesas y cortijadas— de manera que, como cada temporada, la familia Carvajal y Ximénez Enciso, acompañada de un tercio de su servidumbre, realizó en junio un viaje a su hacienda del Aljarafe y, un mes más tarde, al balneario de Sanlúcar de Barrameda, donde poseían una *confortable* casa, con hermoso jardín arbolado de palmeras, jacarandás y pinos mediterráneos, y donde, sobre las bardas de la cerca, crecían las buganvillas rojas y las campanillas azules, ubicada muy cerca del antiguo castillo, ya en ruinas, y no lejana a la mansión del barón de Halora.

El mes de julio —sin cultos apenas en la catedral, tras el Corpus, y hasta que no se celebrara, en agosto, el día de la Virgen de los Reyes, con sus vísperas, novenario y bailes de los seises— resultaba para Pablo Carvajal y Ximénez Enciso un mes de depresiones y soledades, por lo que, tras el previo permiso vacacional que le concediera el prelado, decidió desplazarse a Sanlúcar, para pasar con sus padres y hermanos tres semanas de descanso que pensaba dedicar a escribir, tras una larga y previa investigación ya realizada, un ensayo sobre la estancia en Sevilla de Teresa de Jesús, ciudad de la que saliera —según algunos de sus escritos y epístolas— bastante desilusionada, no sólo por el tórrido calor de sus veranos, sino por el carácter tan particular, alegre e hipócrita a un tiempo, de los habitantes de todas sus clases sociales.

Así, pues, el once de julio, el canónigo lectoral hizo sus maletas, recogió sus libros de lectura favoritos y, en el muelle de las Delicias, tomó el vapor fluvial que lo dejaría cinco horas más tarde en el puerto —cada año más deteriorado por culpa del arrastre de cantos y arenas, del delta del Guadalquivir— de Sanlúcar de Barrameda, el balneario más de moda del sur de España desde que adquirieran en ella un palacete los duques de Montpensier. Lo que no significaba que mantuviera aún su actualidad.

Aunque se negara a niveles conscientes a reconocerlo, su estancia en Sanlúcar resultaba obvia; la baronesa de Halora no sólo permanecía allí en su residencia de verano, tan próxima a la suya, sino que, por razones que ignoraba el canónigo lectoral, una fraterna amistad —tras la muerte de su madre— vinculaba a Carlota con su hermano José María; amistad que se había estrechado tanto, sólo en el transcurso de unos meses, que raro era el día en que no se veían y salían juntos; algo que, en vez de provocar ira, celos o simple deshonor social en el barón, parecía llenarle, por el contrario, de felicidad y de complacencia; quizá porque este hecho le ofrecía más posibilidades de liberarse en multitud de ocasiones de su hermosa esposa. A sus veintinueve años, Carlota Rosillo parecía no haber cumplido aún siquiera los veinticinco y su elegancia en el tocado —invariablemente vestidos y trajes llegados expresamente de París— servían de ejemplo a la alta sociedad sevillana, lo que no la liberara de las más duras críticas a causa de su descoque en un cerrado mundo que —como bien advirtiera en algunos de sus escritos la santa de Ávila— resultaba la más genuina representación del pecado capital llamado envidia. Alta, delgada, de cabellos castaños, ojos verdes y relampagueantes, cintura de avispa —pese a la moda de túnicas y clámides de la época— y piernas espléndidas, Carlota Rosillo y Ximénez Enciso era, sin lugar a dudas —algo que asegurara el mismo monarca don Alfonso con ocasión de ser a él presentada en casa de los condes de Ibarra— una de las mujeres más hermosas de la Baja Andalucía, debido en parte al bienestar material de sus ascendientes y a su cruce de sangres: agarena, judía y germánica.

* * *

Las tierras que configuraban la hacienda condal de Carrión de los Molinos —a las que se añadieran, dote matrimonial, las de antiguas alquerías musulmanas de nombres breves, sonoros y vibrantes, propiedad de los Carvajal y Ximénez Enciso—, situadas en el Aljarafe (voz de origen árabe que significa elevación: ciento ochenta y cinco metros el máximo de su altura sobre la Vega del Guadalquivir), llenas en la totalidad de su extensión de restos arqueológicos: reliquias del paleolítico, arquitectura dolménica, sepulcros, vidrios, monedas y joyas tartésicas... se encontraban limitadas por el oeste con las del conde-duque de Olivares, por el sureste por las del marqués de Torrijo, y por el este con las de la marquesa de Valencina; lindando al norte algunas de sus hazas labrantías con el monasterio de San Isidoro del Campo y la Ruina de Itálica y, por el poniente, con el cenobio de Loreto.

El mayor de los caseríos —de los siete que se levantaban en la hacienda—, donde pasara temporadas la familia, entre primavera y estío y algunos mediados de otoño—, era un gran edificio, con mirador y espadaña, cimentado sobre los pilares de una antigua sinagoga con muros de cal viva, cantos rodados y grandes piedras de ruedas de molinos de aceite incrustadas en sus fachadas, enjalbegada en su totalidad. Sólo sus puertas, rejas y ventanas se encontraban pintadas de verde, exceptuando las caballerizas y cochineras, de color almagra, y la espadaña —con veleta gallera— fileteada de azul añil. Su falta absoluta del más mínimo confort —tan propia de la cultura rural andaluza— así como de su mobiliario y menaje, imposibilitaban la permanencia en el caserío durante los inviernos, por muy benignos que siempre fueran. Sólo una rústica chimenea, situada en una de las esquinas del salón, templaba a medias el gran número de dormitorios y estancias vacías en cuanto su dimensión total, incluyendo el patio central, excedía de los mil metros. Sin luz eléctrica, como la mitad de las calles de Sevilla, alumbradas aún por farolas de gas, el caserío era iluminado de noche por reverberos, quinqués, luces de carburo, candiles y velas de cera artesanales, proporcionada por las abejas de las innumerables colmenas con que contaba la hacienda.

Los días que Blanca y Lucía, acompañadas de su padre —y los fines de semana por su hermano José María—, pasaron en el caserío transcurrieron plácidamente; montando a caballo a la inglesa o bordando en el mirador *petit point*, punto inglés o de Alanzo, según el método de Roland, u otros primores: lentejuelas, cañamazos, bolsas, rediculos, felpillas... que aprendieran en el pensionado de monja donde se educaran, a los que habría que añadir el *Manual de las señoritas*, traducido del francés por María Ana Poveda, que incluía un largo epílogo de las *Reglas de educación y decoro* sobre «diversiones, hermosura, ostentación del saber y buen uso del tiempo».

Una tarde, durante la estancia de la familia en la hacienda del Aljarafe, se presentó inesperadamente en el caserío conduciendo un automóvil del Ejército el capitán-piloto Ignacio Hidalgo de Cisneros, el cual, a lo largo de la guerra de Marruecos y hasta el desembarco de Alhucemas, había permanecido en Sevilla como jefe de una escuadrilla de Goliat, aviones que tenían en el aeródromo de Tablada su base operativa, para volar desde él a Melilla, ausente de talleres de reparación y hangares. Llegaba Ignacio Hidalgo de Cisneros a dar personalmente el pésame a la Casa condal —aunque, con anterioridad, hubiera enviado un telegrama de condolencia— por la muerte de Blanca Ximénez Enciso y Crespo. El aristocrático capitán-piloto, que conociera a los Carvajal cuatro años atrás, fue recibido por el conde de Carrión de los Molinos y sus hijas con todo afecto y amistad y, tras permanecer en la casa un par de horas y tomar el té, regresar a Sevilla, donde había sido de nuevo destinado por un período de tres meses tras su estancia en Cabo Juby, adonde llegara con una escuadrilla de Breguet 14 desde la misma ciudad del Betis. Al despedirse, quedaron en que volverían a encontrarse en Sanlúcar de Barrameda. Y así sucedió, en efecto, un mes más tarde, cuando Hidalgo de Cisneros aterrizara sobre los esteros del delta del Guadalquivir en una avioneta de observación de tres plazas.

La primera permanencia en Sevilla del que llegaría a ser diez años más tarde, durante la Guerra Civil, el jefe de la Aviación de la República, ya con el grado de general, había hecho que la ciudad andaluza le ganara definitivamente el corazón, asegurando que «su aeródromo de Tablada era único en el mundo: Situado en un recodo del Guadalquivir, construido con mucho gusto, sus alegres edificios hacían juego con el paisaje y con los preciosos jardines que lo rodeaban, siempre llenos de flores; esas flores sevillanas que tienen un aroma tan intenso que impregnaban el ambiente y sustituían el clásico olor a ricino y a gasolina de todos los aeródromos. Los extranjeros que tomaban tierra en él quedaban maravillados de su primer contacto con Andalucía. Sus aterrizajes resultaban tan pintorescos que podían parecer preparados para turistas, pues el Ayuntamiento, cuando cedió aquellos terrenos para aeródromo, no suprimió la costumbre secular de que el ganado destinado al matadero se concentrase en Tablada, donde había muy buenos pastos y, como resultado, el campo de aterrizaje estaba siempre lleno de vacas, toros y becerros, procedentes en su mayor parte de desechos de las ganaderías de reses bravas de la provincia que embestían con peligrosa frecuencia. Acostumbrados al hecho, al comenzar los vuelos salía un coche, que solía ser un viejo Ford, con su chófer. Era un servicio fijo en el aeródromo, le llamaban *el coche de los toros* y figuraba con este nombre en la Orden del día al nombrarse el servicio. Cuando se terminaban los vuelos, el ganado volvía poco a poco a pastar en el campo de aterrizaje; pues, aunque *el coche de los toros* estaba siempre de servicio, sólo intervenía cuando entraba alguna res durante los vuelos, o cuando llegaba algún avión de fuera. Se dieron casos pintorescos con algún ganado y hubo tripulaciones que, durante horas, no podían abandonar el avión, rodeado de toros, hasta el caso de un aparato que chocó con uno de ellos matándolo sin puntilla. Se comprenderá el asombro de los extranjeros» (sic).

Fueron años felices para el aristócrata militar riojano que terminó por frecuentar en la ciudad fluvial ventas, tablaos flamencos y colmados, donde se celebraban todos los días juergas de cante jondo, algo que no llegó jamás, sin embargo, a entusiasmarle, aunque lo creyeran un buen aficionado.

De manera que, con independencia del asombro que representara la llegada, a finales de julio, de la avioneta de observación a la playa de Sanlúcar —donde fuera inmediatamente custodiada por una pareja de la Guardia Civil y un marinero de la Ayudantía de Marina—, a lo largo de su permanencia de nueve horas en la ciudad, el capitán Hidalgo de Cisneros invitó a José María Carvajal y Ximénez Enciso y a su sobrina la baronesa de Halora a un vuelo de divertimento sobre el Coto Doñana, el Puerto de Santa María, la antigua Real Isla del León, Cádiz y su bahía, bajando ambos entusiasmados del aparato tras haber podido contemplar desde el aire la belleza del paisaje.

Voló la falda de Carlota al viento al descender por la escala, desde la cabina, una vez que se hubiera parado la hélice después de un perfecto aterrizaje. Y en el balneario se habló durante todo aquel verano de las ligas color violeta de la baronesa, de su *cuco* de crespón celeste, su *combinación* de cresatén, sus piernas enfundadas en medias de seda y la blanca maravilla de sus muslos, que dejaran boquiabiertos a caballeros, damas y damiselas que esperaban su regreso en severos trajes de baño.

Antes de su vuelta a Sevilla a media tarde, el capitán Hidalgo de Cisneros —un verdadero don Juan hasta su muerte, ocurrida en Praga por culpa de su desilusión y su tristeza, tras la entrada en primavera de las tropas soviéticas en la antigua capital de Bohemia, cuarenta y dos años más tarde— hizo a Carlota la sugerencia de una cita clandestina en Sevilla; sin advertir que la baronesa era una mujer que si no *enamorada* de su marido, como claramente se percibía, lo estaba en cambio de su tío Pablo, el canónigo lectoral.

* * *

Tres días más tarde del regreso de Ignacio Hidalgo de Cisneros a la capital del Betis, el ex novillero Luis Pacheco, alias *Lilú*, bajó de un vagón de calesera de tercera clase del tren mensajero procedente de Sevilla. Llegaba vestido a la moda del chulo de la época: pantalón ajustado y bufanda de seda blanca, a pesar de correr la estación veraniega, bajo la chaqueta de crudillo, botines taconeros y sombrero de *galleta*. Llevando una maletita de cartón en la mano y un purillo breva entre los dientes, se instaló en la Fonda del Comercio, que convirtió en su base de operaciones. A la hora y media de su llegada, tras haberse lavado como un gato en el palanganero, bajó a la mugrienta recepción y, tomando el teléfono, tras manipular la manivela, solicitó de la centralilla de la ciudad que lo pusieran con la casa del conde de Carrión de los Molinos para hablar con su hijo José María, al que no había vuelto a ver desde hacía ya meses, después de haber permanecido once semanas en Barcelona *haciendo la calle* por los aledaños del Paralelo.

—José María —dijo cuando el primogénito tomó el aparato, avisado por Eusebio, el mayordomo de su padre—, estoy en Sanlúcar. He venido expresamente a verte.

José María Carvajal y Ximénez Enciso se llenó de rubores y de alegrías, pero el tono que utilizó con *Lilú* fue a la vez firme y gélido:

—Lo siento, pero hoy no podré verte.
—¡Pero José Mari!
—Tenías que haberme avisado de tu llegada con unos días de antelación. ¿Dónde te has metido a lo largo de estos meses?
—Mis cosas, ya me conoces. Una temporadita en Barcelona. Además, lo primero que quiero es darte personalmente el pésame por la muerte de la santa de tu madre.
—Gracias, pero ya me lo has dado. Acabas de hacerlo.
—Estoy sin un puñetero duro, José Mari. ¿No te da de mí lástima?
—¡Ninguna! ¿A mí tú qué me importas?
—¡Sé bien que te importo, cariño...!

José María Carvajal, tras un largo silencio, a punto de saltársele las lágrimas, concertó con *Lilú* una cita para últimas horas de la tarde en un chiringuito de la playa de Bajo de Guía. El encuentro tuvo lugar a las siete y media, y, después del abrazo de rigor y un cruce de miradas al que es necesario añadir quejas, explicaciones, advertencias y promesas por parte de uno y otro, y de tomar juntos unas cañas de manzanilla y unos langostinos, ambos se dirigieron a la Fonda del Comercio.

La llegada de *Lilú* a Sanlúcar y el hecho de haber firmado ambos las paces, cambiaría aquel estío en el famoso balneario muchas cosas, fundamentalmente las relaciones que hasta entonces mantenía el canónigo lectoral con su sobrina Carlota en las contadas ocasiones en que se encontraran durante las frecuentes visitas de la baronesa a la casa por las tardes, ya que solía pasar todas las mañanas, exceptuando los domingos, en la playa, vestida con atrevidos bañadores de falda a medio muslo que provocaban invariablemente cada día un escándalo, a pesar de que los utilizara sólo al entrar en el agua y, al salir de ella, se envolviera en un albornoz de color blanco, aunque tomara con él abierto el sol, al estilo de las estrellas del cine norteamericano.

* * *

A medida que avanzaba escribiendo su ensayo biográfico sobre santa Teresa, Pablo Carvajal y Ximénez Enciso se preguntaba a sí mismo hasta qué punto no hubiera sido preferible para él, dada su vocación y los peligros y tentaciones que corría *en el mundo,* ser fraile de sayal, misionero o enclaustrado, e incluso cartujo que clérigo, de prebendas y honores, que podía alcanzar seguramente en unos años un obispado y la púrpura cardenalicia. Cada mañana, tras la misa dicha en una capilla de la parroquia de su demarcación ciudadana, Nuestra Señora de la O, el canónigo lectoral regresaba a su casa y, después del desayuno, se encerraba en su cuarto con mesa de sanantonio ante la ventana, frente a su cama y anaquel donde guardara sus libros, para facilitar la escritura de su ensayo biográfico sobre la santa de Ávila.

Una mañana, para relajarse después de haber escrito casi cuatro folios de papel de barba y haberlos pasado ya a limpio en la máquina Remington, se le ocurrió la búsqueda en el desván —para otear el horizonte marino— de un antiguo anteojo que trajera su padre de Alemania, durante un viaje de estudio que hiciera, junto a los jóvenes tenientes de su promoción, a la escuela del Alto Estado Mayor prusiano de Berlín, antes de casarse. Sabía que el anteojo se encontraba en Sanlúcar, donde lo trajera el conde, siendo él aún un niño, y que, con absoluta seguridad, no había sido devuelto a Sevilla por su padre. *Objeto* de desván ya, probablemente, no preguntó a nadie por él y, tras salir de su cuarto, dar la vuelta al encristalado pasillo del segundo piso que corría sobre el cenador del patio, subió la escalera de caracol que le llevaría a la azotea donde ondeaban, secándose al sol, sábanas, fundas de almohadas, pañuelos y ropa interior de sus hermanas.

A la izquierda de la terraza, techado con tejas moriscas, se hallaba el desván, con cerrojillo exterior y sin llave. Tras cruzar el dintel de la puerta chirriante y penetrar en el sobrado, a Pablo se le presentó inesperada y fantasmalmente su infancia. Olía a orines de gato, a bolas de alcanfor, a líquenes y a salitre. Atravesando el espacio que dejaran libre los muebles arrumbados, llegó hasta la ventana para abrir los tapaluces. Una atmósfera de tercera dimensión velazqueña perfilaba los contornos de todos los objetos allí depositados. El canónigo lectoral, intentando descubrir el anteojo marino —enfundado en un estuche de cuero forrado de terciopelo verde-mar, como bien recordaba—, contempló, remembrando su niñez, viejos vestidos veraniegos del pasado siglo, un maniquí destornillado, la rubia peluca de su abuela dispuesta sobre una contrafigura de madera, estatuas de alabastros mutiladas, vírgenes dolorosas dentro de sus ovalados fanales, reventadas botas de montar, botines femeninos de charol, estampas iluminadas de grabados franceses con los cristales rotos y los marcos desencolados, bombines, chisteras, gorras y *canotiers*; partituras musicales que tomara en el acto para también llevarlas a su cuarto, y, por fin, en un rincón, cubierta de polvo y telarañas, la funda del anteojo marino dispuesta sobre un rincón, a la izquierda del ventanillo cuyos tapaluces volvió a cerrar para abandonar el desván, regresando a continuación a su cuarto.

Con independencia de que los fantasmas de su infancia habían revoloteado por su cabeza durante unos breves minutos, una cierta inquietud turbó su alma, y, para rápidamente ahuyentarla, después de quitarle el polvo a las partituras de Chopin, de Verdi, de César Franck, de Liszt, Mahler y Beethoven, abrió la funda cerrada por corchetes del anteojo y comenzó su desmonte pieza a pieza, para terminar limpiándolo primorosamente y, ya con la lente rutilante de reflejos, asomarse con él a la ventana y contemplar, ensimismado, la panorámica de la otra orilla: el faro, Reina Victoria, Príncipe Alberto, la Punta de los Carabineros, los pinos del Coto Doñana, los faluchos que subían o bajaban de la *barra*, un mercante de bandera holandesa que iniciaba, ayudado por un remolcador, su entrada en las aguas fluviales... Luego Pablo Carvajal y Ximénez Enciso enfocó el anteojo hacia la playa de La Jara para, en mitad de un grupo de bañistas, ocultos a medias por las casetas de lona listada y las butacas-quitasoles, de mimbre, descubrir primero la figura y, a continuación, la cara, los brazos, las piernas y los muslos de Carlota que, chorreante, acabara de salir del agua para ser recibida en la orilla por su doncella que le echó, por encima de los hombros, un albornoz.

Un escalofrío de deseo, de angustia y de temores

recorrió la espina dorsal de Pablo, y un estremecimiento rompió el equilibrio espiritual del canónigo lectoral. Las tentaciones de san Jerónimo no serían tan terriblemente crueles como las mías —pensó—. Además, él supo vencerlas desde el sayal, y yo ignoro si seré capaz de derrotarlas desde la sotana.

* * *

No ya en razón del luto, sino en el de sus pudores de soltera, fiel siempre Blanca Carvajal y Ximénez Enciso a la memoria de su novio, el teniente de Artillería Álvaro Zacastín, muerto heroicamente en Marruecos, y leal su hermana Lucía a su entereza de no aceptar, tras su desengaño, otro amor, ninguna de ellas bajaba desde hacía años a la playa del balneario.

Sus vidas en Sanlúcar transcurrían con idéntica rigurosa disciplina que en Sevilla o en la hacienda del Aljarafe: misa de nueve y comunión diaria en la parroquia —que en ocasiones oficiara su hermano Pablo, aunque regularmente dijera la de ocho en la capilla de la Concepción—, cuidar la rosaleda del jardín, situada alrededor del quiosco de afiligranado herraje de fundición y acorde con los barrocos bancos dispuestos en él, para el descanso, cincuenta años atrás; organizar la marcha de la casa, dictar a la cocinera los menús, valiéndose, desde hacía un par de años, de un famoso libro de cocina que les había regalado su hermano Pablo, escrito originalmente en catalán por Ruperto de Nola, lo que no significaba en manera alguna que se limitara a él estrictamente, sino que le servía, en ciertas ocasiones, de guía gastronómica.

Un año atrás, con la llegada del Príncipe de Gales

a Sevilla para conocer los Reales Alcázares, el hospital del venerable Mañara y la catedral, subiendo las rampas de la Giralda —para contemplar desde su altura la totalidad de la ciudad centelleante de dorados reflejos— con la agilidad de una ardilla, dejando atrás a su comitiva, el *delfín* británico estuvo a punto de almorzar en la Casa condal, donde hubiera gustado las delicias del recetario de Ruperto de Nola, cocinero del Rey de Nápoles. Almuerzo del que disculparía su asistencia para asistir a una tienta y herraje de toros en el cortijo de El Quarto. Las noches de estancia en la ciudad del Príncipe terminaban, invariablemente, en el célebre burdel La Madrid, lo mismo que haría también, quince años más tarde, el conde Ciano; con la única diferencia de que el ministro italiano de Relaciones Exteriores, y yerno de Mussolini, no fuera capaz, pese a su aparente fortaleza física, de subir las rampas de la Giralda con la agilidad de una ardilla, sino con la lentitud de un mulo de carga.

Cuido de la rosaleda, organización de los menús y lecturas piadosas eran, pues, las únicas distracciones de las hermanas el año que corría, ya que, sin estar de luto, se hubieran visto obligadas a recibir y a visitar por las tardes a familias amigas, a pesar de que la antigua ciudad, feudo del Ducado de Medinasidonia, había entrado en un período de crisis, descomposición y decadencia, perdiendo toda la importancia que, como balneario, disfrutara en el último cuarto del siglo XIX y hasta la primera guerra europea, cuando Sanlúcar era también la playa favorita de buena parte de la aristocracia y alta burguesía madrileña. Solamente un reducido grupo de aún fieles a ella llegaba cada año a veranear, tal como si el tiempo se hubiera detenido en la Regencia de María Cristina. La ciudad de Cádiz, con su balneario de finas arenas y las riberas atlánticas de Huelva, que hacía cuarenta y cinco años fueran *descubiertas* por los ingleses de la Real Compañía Minera de Río Tinto —primer enclave español donde se jugara por vez primera en la Península al fútbol— habían pasado ya a ser, para los sevillanos, las playas de moda.

Las relaciones entre ambas hermanas parecían tener más de mellizas que de fraternas. Vestían exactamente igual, tenían los mismos gustos y aficiones, aunque observadas desde una perspectiva psicológica fuera Lucía el líder, a pesar de ser la más pequeña, y llevara siempre, en el fondo, la voz cantante, naturalmente, a partir de la enfermedad que convirtiera a su madre, la condesa, en una inválida, incapaz ya de gobernar la casa y hacer sufrir, desde su criollismo, a sus hijos —exceptuando a Pablo— absurdas humillaciones que no tenían aparentemente desde ningún punto de vista posible justificación, aunque, en el fondo, era una forma de descargar la agresividad que sentía contra su marido, mariposo de círculos, abejorro de burdeles, moscardón de palco de sombra de la plaza de toros, y perezosa cigarra que cantara igual en primavera que en otoño, invierno o verano; incapaz de asumir obligación alguna, excepto asistir de uniforme de gala a las asambleas anuales de la Real Maestranza de Caballería; colocarse una túnica y un capirote y salir como nazareno en la madrugada del Viernes Santo en la Cofradía del Silencio; acudir a misa y comulgar, tres días por semana, y a los entierros de los familiares de sus amigos, particularmente a los de la Santa Caridad, siendo como era hermano del venerable Miguel de Mañara —uno de los *Venticuatro* de Sevilla— cuya vida de juventud sirviera de inspiración, que terminaría transformándose en el mito universal de don Juan, gracias a Molière, a Tirso, a Mozart, a Lord Byron, a Strauss y a Zorrilla...

* * *

El canónigo lectoral pasó toda la noche desvelado. De nuevo Cupido había vuelto a arrojar sobre él las flechas de su doble carcaj, ahora mucho más afiladas en cuanto contemplara aquella mañana en la playa a su sobrina Carlota prácticamente *desnuda*. ¿Por qué y a santo de qué se me ocurrió la idea del anteojo? —se preguntaba una y otra vez en el transcurso de la madrugada, aun sabiendo que la respuesta ni él mismo podía darla siendo, como había sido, un acto de reflejo subconsciente—. No obstante, lector de Freud y de Blanco White —el sacerdote sevillano, capellán Real de la catedral, exiliado en Inglaterra y que escribiera, con independencia de sus conocidas *cartas*, uno de los sonetos más importantes de la literatura inglesa, *Mysterious night* (Noche misteriosa)— sabía que Cupido no era exactamente un rubio querubín con los ojos cubiertos por una venda, ni la tierra de María Santísima un paraíso para los clérigos inconformistas, aunque sintieran verdaderamente la vocación sacerdotal y no creyeran en el cristianismo sólo como cultura antropológica, sino como verdadera senda redentora para, desde Cristo, alcanzar el cielo.

Tras levantarse, con grandes y profundas ojeras

fruto de su insomnio, y realizar su aseo personal casi con la misma meticulosidad y pulcritud de su hermano José María, Pablo Carvajal y Ximénez Enciso llegó a la parroquia —sotana veraniega de seda natural y canoa de finísimo fieltro—, con casi media hora de antelación, para solicitar del párroco el sacramento de la confesión antes de decir misa y comulgar.

El viejo párroco de Nuestra Señora de la O escuchó en silencio el relato de los hechos referidos al anteojo, aunque no la historia completa de sus desventuras amorosas ni de sus reflexiones teológicas con respecto a su conducta, y le dio la absolución, imponiéndole como penitencia el rezo de tres avemarías. Al canónigo lectoral le causó asombro tan leve penitencia para tan *grave* pecado, según su conciencia.

Días más tarde recibiría noticias de que el viejo párroco convivía con su *prima* y que tenía no sólo *sobrinos* y *sobrinas* sino *sobrinos*-nietos y *sobrinas*-nietas también; o, lo que era lo mismo, hijos y nietos; algo que, sabiéndolo, el pueblo llano toleraba con toda naturalidad y sin llevarse como él, de asombro, las manos a la cabeza. Don Damián Ramírez, que así se llamaba el párroco, estaba muy considerado por las clases necesitadas de su feligresía por su generosidad, comprensión y ayuda dispensada a los humildes, repartiendo siempre entre ellos dinero recogido en el cepillo de la parroquia.

Frente a esta situación, el canónigo lectoral recordó una de las contadas epístolas de san Pedro, escrita en Asia Menor y dirigida a los presbíteros, lo que le ayudó, en cierta medida, a recobrar la paz de espíritu: *Apacentad el rebaño de Dios, que os ha sido confiado no por fuerza sino con blandura, según Dios; ni por sórdido lucro, sino con prontitud de ánimo; no como dominadores sobre la heredad, sino sirviendo de ejemplo al rebaño. Así, recibiréis la corona inmarcesible de la gloria.*

CAPÍTULO CUARTO

*Conversación de Blanca y Lucía en el mirador.
El conde rompe las reglas protocolarias del luto
al asistir a una corrida de toros en la plaza
del Puerto de Santa María, tras hacer una visita
a la bodega de uno de sus innumerables amigos
de Jerez. Visita de José María y Lilú a la fortaleza
inglesa de Gibraltar para contemplar la arribada
de la Royal Navy. José Antonio Primo de Rivera,
licenciado en Leyes. Una mañana la baronesa se dirige
al templo de Nuestra Señora de la O, donde dice misa
cada día su tío, y solicita ser por él confesada.
La tensión emocional del canónigo lectoral alcanza
su cota más alta. Fiesta en casa de los duques de Regla.
La baronesa de Halora, completamente embriagada,
inicia un intento fallido de* strip-tease. *Regreso
a Sevilla del canónigo lectoral.* «... pero mudo,
absorto, de rodillas, como se adora a Dios ante
su altar, como yo te he querido, desengáñate, así
no te querrán.»

EL SOL COMENZABA A CAER ya tras la pineda del Coto
Doñana, en la otra orilla de la desembocadura del
Guadalquivir. Y en las torres, almenas y espadañas

de todos los palacios, iglesias y conventos de Sanlúcar —la Alta y la Baja— espejeaban los campanarios, las veletas, las cruces y los azulejos: palacios de Montpensier y de Medinasidonia; Nuestra Señora de la O, Santo Domingo, la Merced, Regina Coeli, los Desamparados, la Trinidad, San Juan de Dios, San Jerónimo...

Blanca y Lucía, las dos hermanas, sentadas en el mirador, mientras bordaban bajo los postreros fulgores de la luz tamizada dos preciosos perros, un setter y un caniche, al *petit point*, continuando la labor que comenzaran en la hacienda del Aljarafe, tras un largo silencio, roto sólo de tarde en tarde por leves suspiros, iniciaron la conversación sobre un tema que, desde hacía meses, intentaban evitar. Había llegado, sin embargo, al parecer la hora de romper el hielo, lo que hizo Blanca, la menos *atrevida* de ambas:

—¿En qué crees que terminará todo?

—No sé a quién te refieres, si a José María, a Pablo o a papá.

—Doy a papá por descartado.

—Yo, sin embargo, no, ya ves... A pesar de sus eternas contradicciones, el hecho de que ninguno de sus hijos le haya dado siquiera un solo nieto que continúe su linaje, ni se lo podamos ninguno dar por obvias razones, puede prender en su cabeza la llama de un nuevo matrimonio, a pesar de sus setenta años.

—Setenta y uno ya, prácticamente.

—Es igual. El marqués de X volvió a casarse a los setenta y cinco, a los once meses del fallecimiento de su esposa, con una jovencita por idénticos motivos. Y si nos remontamos al *Ghotta* descubriríamos cientos de casos análogos.

—El solo recuerdo de mamá no se lo permitiría.

—Pero, Blanca, no seas inocente. Tú has conocido sólo a un hombre, que murió heroicamente por la patria, y has sublimado, a través de él, a los varones. Yo, en cambio, ya ves... Nuestros puntos de vista, en este aspecto, resultan inevitablemente diferentes, aunque ambas, por distintas razones, hayamos decidido quedarnos solteras.

—No sé. Puede que tengas razón. Dios quiera que no le pase siquiera por la cabeza. Dediquemos a él nuestras oraciones. Yo me refería a José María.

—Un caso sin solución, Blanca. Dios lo hizo así y no podemos sino resignarnos a su divina voluntad. Pensé que era a Pablo a quien te referías.

—¿A Pablo?

—Sí, a Pablo, mujer. Soy yo ahora la que te pregunto en qué terminará todo.

—¿Con respecto a qué?

—A *quién*, querrías decir.

—Bueno, sí, da igual.

—A Carlota. ¡Quién sino ella podía ser!

—Una niña mimada y caprichosa, con un marido tolerante. Lo que pueda seguir diciendo la gente en ese aspecto nos debe traer al fresco. Ya sabes que en una ocasión tuvimos que parar los pies a Celia, la viuda del teniente coronel Martín-Flores.

—El hecho de que nos viéramos obligadas a cortar de raíz el *chisme* no significaba que no lo fuera. Por otro lado, las aficiones de su marido son de sobra conocidas. Él es el único culpable de sus frivolidades y devaneos. Sucede que también ahí Dios intervino. Y no debemos entrar en el caso. Naturalmente que no debía haberse casado, como no lo hará nunca José María; pero ése es otro problema.

—¿Crees entonces que puede existir una relación sentimental entre Pablo y Carlota?

—No. Pero me temo que acabe por caer en la tentación cualquier día. Él es un sacerdote demasiado inteligente, pero también demasiado guapo. Y ella una niña demasiado hermosa, pero también demasiado intrigante, lo que no impide que la sigamos queriendo, como nuestra sobrina que es. No obstante, es posible que el vendaval haya ya pasado. No olvides sin embargo el refrán de que aquellos vientos trajeron estas tempestades.

—No creo que ocurra nada. Ya que me lo has dicho, me preocupa más papá.

—Otra cruz, sí. Demos, sin embargo, tiempo al tiempo, Blanca.

El sol cayó ya definitivamente tras el horizonte, desapareciendo en unos instantes todo resto de luz crepuscular. Las dos hermanas abandonaron el mirador —gran cierro de cristales del segundo piso de la casa— y se dirigieron a sus respectivas alcobas. Las campanas de la parroquia de Nuestra Señora de la O comenzaron a doblar a muerte.

* * *

José María Carvajal y Zúñiga, el conde de Carrión de los Molinos, se contempló de cuerpo entero en el espejo de luna biselada de su alcoba viuda, ante el armario isabelino, y se dijo a sí mismo: ¡Perfecto!

Acababa de ser ayudado a vestir por Eusebio, su mayordomo, con unos pantalones negros de alpaca, una chaqueta de hilo blanco almidonada —que, a pesar de su brazalete negro de seda natural en la manga izquierda, *rebajaba* en cierta medida el luto-camisa de popelín, de cuello almidonado también, y corbata negra de punto sujeta por un alfiler de platino con las *armas* de su Casa; zapatos de cabritilla y calcetines negros completaban su atuendo, al que añadiría un panamá flexible con las alas hacia abajo, al que se le había cosido, alrededor de la copa, un ancho ribete negro de seda natural también.

Volviéndose hacia su ayuda de cámara, el conde preguntó:

—¿Está el auto dispuesto, Eusebio?

—Sí, señor conde.

—¿Dijiste al mecánico que no se le ocurriera ponerle la funda de piqué blanco a la gorra?

—Sí, señor conde, va totalmente uniformado de negro.

—Gracias, Eusebio, no sé lo que haría sin ti. Mi mayordomo, sí, pero también mi confidente y mi *amigo*, en la medida, claro está, que me permite mi condición.

—Muy amable, señor conde. Le agradezco de todo corazón la confianza que me dispensa.

—¿Cuántos años llevas ya en la casa, Eusebio?

—Nueve, señor conde.

—¡Qué barbaridad! ¡Cómo pasa el tiempo! Parece que fue ayer cuando llegaste, recomendado por el marqués de Pickman, con tu mujer.

—En efecto, señor. La vida es un soplo.

—Lo será para ti. Yo no estoy dispuesto a desaprovechar los años que me quedan.

—Hace su excelencia muy bien, señor conde.

—¿Cómo me encuentras, dime, Eusebio?
—Perfecto, señor, como siempre. O, mejor dicho, exceptuando los primeros días tras el fallecimiento de la señora condesa.
—No me los recuerdes.
—Así lo haré de ahora en adelante, señor.
—Te voy a hacer una confidencia, Eusebio.
—Gracias. El señor conde sabe que soy una tumba.
—Sí lo eres, sí. Y me lo has demostrado en todas las ocasiones. Pues bien, mis hijos creen que voy a Jerez a un asunto de negocios. ¿Y tú qué crees?
—Yo nunca ni puedo ni debo opinar nada, señor.
—Así me gusta, siempre tan discreto —dijo José María Carvajal y Zúñiga mientras tomaba el pañuelo que Eusebio le había dispuesto sobre una de las mesillas de noche, previamente aromado con lavanda inglesa, y, tras desplancharlo y tomarlo por el centro, colocárselo, cual una flor, en el bolsillo de pecho de su chaqueta—. Y a Jerez voy, en efecto, a darme una vuelta por la bodega de los Domecq, pero, después de almorzar, me iré con ellos a los toros en el Puerto. ¿Sabes cuál es hoy el cartel?
—Lo ignoro, señor conde.
—¡Pues bien! ¿A ver qué me dices?: *El Gallo*, Juan Belmonte e Ignacio Sánchez Mejías, con toros de Pablo Romero. ¿Qué te parece?
—¡Extraordinario, señor conde, extraordinario!
—Si no fuera porque he quedado ya con los Domecq me acompañabas, pero...
—Gracias, señor conde, cuando regrese me cuenta cómo fueron las *suertes*. Y como si hubiera estado allí; que su excelencia sabe describir las faenas como nadie.

—¿Sabes que lo que me hubiera gustado es ser *espada*, Eusebio?

—Dada su afición, lo imagino, señor conde.

—Bueno, Eusebio, me marcho sin despedirme de mis hijas, que son tremendas; que mis hijos son otro cantar, pero no está ninguno de los dos en casa.

El mayordomo abrió la puerta de la alcoba para dejar pasar al conde, y lo acompañó —siempre tras él— a lo largo de la casa, para bajar luego la escalera, atravesar el patio, cruzar el cancel del zaguán y abrirle la puerta del Hispano sin dar tiempo a que lo hiciera el chófer. Luego, tras una reverencia, esperó que el coche arrancara y volvió a entrar en la casa, con media hoja de la puerta cerrada aún, en señal de duelo; exteriorización que duraría, según el protocolo, seis meses a partir de la muerte, o, lo que es lo mismo, hasta la celebración del funeral al cumplirse medio año de un fallecimiento.

* * *

Tras haber leído en *El Correo de Andalucía* la llegada desde Alejandría de la flota británica del Mediterráneo a Gibraltar, José María Carvajal y Ximénez Enciso propuso a *Lilú* un viaje a La Línea de la Concepción, distante de Sanlúcar de Barrameda ciento setenta kilómetros por la carretera de la costa, para entrar en la Roca y contemplar la arribada de la escuadra inglesa en el puerto del Peñón.

José María Carvajal y Ximénez Enciso que, a pesar de no ser Grande de España, gozaba, como su padre, de pasaporte diplomático, preguntó a *Lilú* si él tenía algún documento acreditativo de su identidad, indispensable requisito para cruzar la verja.

—¡Nada, no tengo nada, José Mari, cielo!

—¿Ni la célula personal?

—¿Cómo quieres que la tenga si yo no pago nada a Hacienda estando como estoy sin un duro?

—El año que viene tendrás que sacarla. Y, también, el pasaporte. Quiero la próxima primavera llevarte conmigo a París, pese a los peligros que para mí encierra, pues eres un *canalla* y en la Ciudad Luz serías capaz de ponerme los cuernos con cualquiera.

—¡No me digas eso, José Mari! Tú sabes bien cuánto te quiero.

—Vayamos al grano. ¿Quieres o no quieres que nos desplacemos a Gibraltar?

—¡Pues claro que sí, vida!

—Nos pasaremos por la Ayudantía Militar de Marina y solicitaré para ti, bajo mi responsabilidad, un salvoconducto. Es suficiente.

—¡Gracias, mi *arma*!

Dos días más tarde, ya en regla las credenciales de identidad de Luis Pacheco, no queriendo hacer uso del coche de su casa, José María Carvajal alquiló un Chevrolet descapotable, sin chófer, en el garaje Santo Domingo de la ciudad, el único que prestaba este servicio, casi insólito en aquellos años, y partió con *Lilú* hacia Jerez, primera etapa de su ruta que proseguiría en El Puerto de Santa María, San Fernando, Chiclana, Tarifa, Algeciras, San Roque y La Línea.

Había obligado ya José María a *Lilú* a vestir de una forma menos marchosa, yendo con él una semana atrás a Sevilla y encargándole dos ternos de *media-medida* en Peiré, donde la familia tenía abierta cuenta; así como camisas, zapatos, y todo el ajuar completo para el resto del verano; quitándole, además, el *canotier* y sustituyendo la *galleta* por un jipijapa, si no idéntico en calidad, semejante al suyo.

De manera que, cambiado de atuendo como días antes lo hiciera de pensión, mudándose de la Fonda del Comercio al hotel Pavo Real, a su lado, *Lilú* resultaba si no exactamente un caballero del Sur, ni siquiera un señorito de postín, al menos un galán de bien, vestido con comedimiento y elegante en la medida de sus naturales limitaciones.

El viaje —las valijas de piel de cerdo, de José María, y de badana las de Luis Pacheco, colocadas en el maletero, al exterior, junto a la rueda de recambio— transcurrió plácidamente bajo el tórrido sol de finales de julio. Los pueblos serranos dejados a su izquierda, y en ocasiones a su derecha, blanqueaban bajo la calina. Y, al llegar a Tarifa, la silueta de las montañas del Atlas africano se perfilaban nítidas y azuladas al otro lado del estrecho en un día sin brumas, aunque con viento de Levante y mar arbolada.

Conducía José María con una prudencia y un estilo que conmovían a *Lilú* que, a lo largo de todo el viaje, le llevaba puesta la mano izquierda sobre el muslo derecho. José María, de medio luto ya —lo que fuera mal visto por sus hermanos, aunque no por su padre—, traje de alpaca color marengo, camisa de seda cruda y corbata de punto negra, sobre la que también centelleaban las *armas* condales, se sentía feliz como nunca lo había estado en los últimos años, hasta el punto de pensar por qué el destino era tan cruel al hacer imposible que un hombre no pudiera tener hijos de otro hombre, en una especulación que más recordaba un monólogo de Oscar Wilde que de Jacinto Benavente, aunque a ambos admirara, siendo, sin embargo, su favorito el escritor *irlandés*.

Aunque la absoluta ausencia de tráfico posibilitaba la velocidad del Chevrolet, ni el asfalto, ni las curvas, ni la estrechez de la carretera, hacían practicable pasar de los sesenta kilómetros por hora; por lo que el viaje hasta La Línea duró casi seis horas, teniendo en cuenta que hicieran innumerables paradas, en Chiclana para almorzar y en mesones y ventorrillos arrieros para beber brandy con gaseosa o refrescos de zarzaparrilla.

Al llegar ante la verja de la fortaleza británica había sido disparado ya el cañón, toque de silencio, por lo que las cancelas habían sido cerradas hasta el alba del día siguiente, y se vieron obligados a pernoctar en una humilde fonda sin ducha ni bañera, eligiendo no obstante una espaciosa habitación de dos camas con balcones abiertos a la calle Real.

* * *

Con los mástiles empavesados, dos acorazados, tres cruceros pesados, cuatro ligeros y dieciséis unidades menores, destructores, dragaminas y submarinos, pintados con el gris cálido característico de la Royal Navy en tiempos de paz, se encontraban anclados en la rada cuando José María y *Lilú* cruzaran la verja en el Chevrolet, a las diez y media largas de la mañana, y, más tarde, la aduana británica donde, tras la comprobación de su identidad por un *bobby*, fueran saludados militarmente por los *tommys*, centinelas de la guarnición, gracias al pasaporte diplomático del primogénito del conde de Carrión de los Molinos.

La escuadra había arribado —los acorazados y los cruceros en los muelles y el resto de la flota en el arsenal— sobre las siete de la mañana y antes de las nueve un tercio de sus tripulaciones callejeaban por la ciudad esperando la apertura de los *pubs*. Con excepción de algún que otro contado edificio estilo Tudor, el resto de la arquitectura de la colonia se correspondía con la del litoral andaluz: medios puntos, azoteas, jardincillos con palmeral y cipreses, patios *romanos* y canceles de forja, lo cual causó asombro en *Lilú*, que entrara por vez primera en la fortaleza; pero no a José María que conocía Gibraltar de memoria. También llamó la atención de Luis Pacheco el que no fuera preciso hablar inglés cuando detuvieran el coche ante una tienda de *útiles del fumador* para comprar cigarrillos, cachimbas de espuma de mar y tabaco de pipa.

—La lengua *oficial* continúa siendo la española; aunque, naturalmente, casi toda la población sea bilingüe, ya que el inglés es el idioma de las escuelas, obligatorias y gratuitas. Y, de religión, católica; aunque haya, por supuesto, algunos protestantes —dijo José María Carvajal a *Lilú* señalándole la torre nórdica de una pequeña iglesia anglicana.

—¡Qué inteligente eres y cuántas cosas sabes! —le contestó *Lilú* cogiéndole del brazo.

Y del brazo caminaron ambos, tras dejar aparcado el coche en una callecita recoleta, para dirigirse andando a los muelles; gesto éste del brazo habitual por entonces entre los hombres de la Baja Andalucía, que nada tenía que ver con sus singulares características, pero que obliga a pensar inevitablemente en la antigua Grecia, que dejara en el Sur parte de su cultura.

—Llamado primitivamente Calpe —prosiguió explicando José María a su amigo de corazón—, el Peñón fue ocupado sucesivamente por fenicios, cartagineses, romanos y visigodos. Su nombre actual deriva del general árabe Tarik, que lo conquistó en el año setecientos once. Hasta el siglo quince, el territorio permaneció en poder de la morería. Y Carlos quinto lo fortificó para defenderlo de los piratas berberiscos.

—¡Cuántas cosas sabes! ¡Cuántas! —volvió a repetir Luis Pacheco.

—Más debiera saber si me hubieran dejado estudiar una carrera. Por desgracia, no soy más que un autodidacta. Mis padres no me permitieron entrar en la universidad por estimarlo humillante para un primogénito aristócrata. En cambio, José Antonio, el hijo del marqués de Estella, hizo Leyes. La vida; pero olvidemos ese asunto y déjame que te acabe de explicar, si quieres.

—¿No voy a querer? ¡Claro que sí, Virgen Santa! ¿Que no te dejaron estudiar?

—¡No! ¿Continúo?

—Sí, sigue.

—En mil seiscientos siete, una escuadra holandesa forzó las defensas y entró en el puerto. Inglaterra, como miembro de la Gran Alianza, a la que pertenecía Holanda, ocupó el Peñón en mil setecientos cuatro, durante la Guerra de Sucesión española. En mil setecientos trece, el Tratado de Utrecht reconoció la soberanía inglesa...

La inconfundible melodía de las gaitas llegó hasta ellos, tras desembarcar en la explanada una compañía del regimiento de *marines* escoceses, presididos por su banda de música, que se dirigía a la sede del Gobierno, casa del gobernador-comandante de la fortaleza, asistido por un consejo ejecutivo de nueve miembros y otro legislativo de catorce, once de ellos elegidos por sufragio.

Bajo el asfixiante sol de julio reverberaban los platillos, el aro metálico de los tambores, las cornetas, las hebillas de los cinturones, las insignias que ceñían las faldas y condecoraban las boinas y las bayonetas de los fusiles Enfield de los infantes de marina del acorazado *Hood*.

A la cabeza de la formación —bastón de ébano y plata al aire— el *malabarista* del regimiento abría la marcha sudando como un caballo bajo su uniforme de lana australiana, lo que no restaba, sin embargo, agilidad a su misión de gastador.

Inmóviles y abstraídos contemplando el desfile, ni José María Carvajal y Ximénez Enciso ni Luis Pacheco vieron que tras ellos —aunque, naturalmente, no le hubieran reconocido— discurrió rápidamente, para tomar un taxi que lo llevara a Málaga, el joven teniente de navío Louis Mountbatten, hijo del príncipe Louis de Battenberg y de la princesa Victoria, hija de Louis IV, gran duque de Hesse y de la princesa Alice, hija a la vez de la reina Victoria de Inglaterra, primo del príncipe de Gales. El zar de Rusia, primo de su padre, se había casado con la hermana de su madre, mientras su prima Ena había contraído matrimonio con don Alfonso XIII de Borbón, rey de España.

* * *

El párroco de Nuestra Señora de la O, encontrándose de vacaciones anuales en tierras malagueñas su coadjutor durante la última quincena de julio y la primera de agosto, había solicitado de Pablo Carvajal y Ximénez Enciso, si no le importunaba, que, tras la misa que decía cada día en la capilla de San Miguel, se quedara en el templo para ayudarle en su labor absolutoria en el confesonario. Aceptó, sin objeciones, el canónigo lectoral. Y, como cada mañana, al filo de las ocho y media se sentó en uno de los *felliniescos* confesonarios de madera encerada, presidido por una cruz y dotado de un portalón central para los varones y una celosía con cortinillas para las hembras, situados a ambos lados del crucero de la antigua Colegiata.

Con las manos cruzadas sobre el regazo, aguardando un penitente, reflexionaba Pablo Carvajal sobre su propia vida, cuando oyó la tosecilla trémula de una mujer en la celosía situada a su izquierda. El canónigo lectoral descorrió la cortinilla de estameña y puso el oído para escuchar la confesión. El timbre de la voz, al otro lado de la rejilla, lo hizo estremecerse de angustia, pero a la vez de complacencias, contra las que le era imposible luchar. Galleó su contestación a la fórmula de ritual, tartamudeando durante unos instantes, pese a su siempre timbrada y turbadora voz.

—Ave María Purísima.
—Sin pecado concebida. ¿De qué se acusa?
—De estar enamorada de ti, Pablo.

Sobre la bóveda de ladrillo y piedra de la Colegiata ya casi desierta, donde sólo un grupo de viejas beatas vestidas de negro rezaba ante el sagrario, retumbó la fonación firme y decidida del canónigo lectoral, amortiguada gracias a encontrarse dentro del cubículo del confesonario.

—¡Márchese y solicite de otro sacerdote la absolución de sus pecados!

—Cállate y sé discreto si no quieres organizar un escándalo, que te perjudicaría más a ti que a mí. No pienso moverme de aquí, *Padre*.

Por los ojos de Pablo Carvajal comenzaron a rodar las lágrimas y una angustia mortal, unida a una excitación sexual —que nunca había sentido tan fuertemente—, invadió todos y cada uno de sus miembros. Por su cabeza, por su corazón y su bragueta, pasó la tentación de salir del confesonario y besar y abrazar a Carlota pese a encontrarse en un recinto sagrado. No obstante, mordiéndose los labios, contuvo sus impulsos, aunque no su emoción, y bajando el tono de la voz, hasta convertirla en un murmullo, dijo:

—Perdona, Carlota, discúlpame. ¿No comprendes que soy un sacerdote de Cristo?

—Cristo supo comprender a la Magdalena; posiblemente, enamorada también de él.

—¡Por la Santísima Virgen, Carlota, no te permitas ningún tipo de lucubración referida a Dios Nuestro Señor! Ése es un episodio evangélico de redención del pecado, no de exaltación de él. Santa María Magdalena era una mujer pública y tú una mujer casada. Triple pecado el tuyo al ser yo cura: fornicación, adulterio y sacrilegio.

—Todo eso cabría, en efecto, si no estuviera por medio, de veras, realmente el amor, capaz de purificarlo todo.

El canónigo lectoral guardó por unos instantes uno de sus característicos silencios. Luego, rehaciéndose, habló, con el también siempre característico tono de voz, musical y bíblico, que, cual dardo —junto al relámpago de sus ojos y su masculina belleza—, tantos corazones femeninos había atravesado en el transcurso de su vida, sin aprovechar las heridas, desde su adolescencia:

—Carlota, hazte cuenta de que no has venido conmigo a confesar. Olvídalo. Quizá *mañana*... ¡quién sabe!, yo tome como hombre, no como sacerdote, la determinación de que examinemos este problema juntos. Pues yo también, ¡Dios!, estoy enamorado de tí. Ahora márchate.

Las campanas de la torre mudéjar de la iglesia de Nuestra Señora de la O iniciaron el repique del segundo toque de la misa de nueve. El templo olía a cera, a incienso, a mirto, al pabilo encendido de la lámpara del Sagrario y a salitre marino. Aquella noche, *por el ventanal había entrado una lechuza en la catedral. San Cristobalón la quiso espantar, al ver que bebía del velón de aceite de Santa María. La Virgen habló: «Déjala que beba, San Cristobalón... Moneda que está en la mano, quizá se deba guardar; la monedita del alma se pierde si no se da.»*

* * *

En la improvisada pista de baile del jardín francés, los farolillos de papel rizado parecían querer imitar un diminuto firmamento de estrellas ante la bambalina de la luna en cuarto menguante. La orquestina de piano, flautas y violines degranaba sólo valses y mazurcas, como si el tiempo se hubiera detenido a finales del siglo XIX y no hubiera cruzado aún el ecuador el primer cuarto del XX.

En la terraza, bajo la pérgola donde se derramaban en cascada los jazmines y las flores de la buganvilla —matrimoniando el blanco con el morado— el *buffet* servía champagnes, brandys y agua de limón; langostinos, almendras y caviar de la factoría de esturiones arponeados en el delta del Guadalquivir.

La *dama de noche*, sembrada al pie de una de las columnas del palacete neoclásico de los duques de Regla, perfumaba la noche junto al aroma de los habános, las esencias de París, las colonias alemanas y los cigarrillos de Virginia. El *Vals del Emperador* acababa de expandir sus compases vieneses tras una mazurca de Szymanowki, que proseguían bailando damas, damiselas y caballeros de *smoking* y vestidos de noche, en alguno de los cuales las diademas y las plumas de guacamayos y pavos reales jugaban un destacado papel entre *elegante* y burlesco.

Tras levantarse por quinta vez, camino del *buffet*, del banco de hierro afiligranado del jardín en penumbra donde se encontraba sentada sola —un cigarrillo en una mano y una copa de champagne vacía en la otra— enfundada en un ceñido vestido de lamé, Carlota Rosilla y Ximénez Enciso volvió a indicar a uno de los *valet* de servicio en el ambigú que le llenara otra copa de champagne, y con ella aún espumeante, dando medias camballadas, volvió a dirigirse al banco para bebérsela de un solo trago y encender un nuevo cigarrillo que tomó de su pitillera de oro que sacara de su bolsillo de malla de plata.

Un joven de la familia Osborne, pelirrojo, espigado e imberbe, se acercó a ella para sacarla a bailar el vals del *Murciélago* que interpretaba ahora la orquesta.

—Gracias, eres muy amable. No me apetece bailar.
—¿No te gustan los valses?
—No se trata de eso, disculpa, espero a mi esposo —mintió aun sabiendo que era de dominio público que había llegado a la fiesta sola y que el barón de Halora no se encontraba siquiera en Sanlúcar, pretextando asistir a una cacería de patos en la laguna de la Janda, aunque en realidad se hallara en Estepona con un efebo *del bronce,* cantaor de flamenco y gigolo jerezano de burdel y bodega, tabanco y sotanillo.

—En tal caso... No obstante, hubiera sido para mí un honor, eres una maravilla.

La baronesa miró al joven de arriba abajo con una media sonrisa en los labios, donde el carmín Rosas de Francia comenzaba a diluirse entre la saliva que espesaba su paladar por efecto de cinco copas de champagne. Cuando el joven Osborne, tras inclinarse para besar su mano, que ella no aceptó ofrecerle, se volvió de espalda camino de los corros de damiselas que esperaban ser sacadas a bailar, Carlota comenzó a reírse estrepitosamente. Su alcoholemia había alcanzado el grado justo de transformar su melancolía en falso alborozo. Levantándose de nuevo del banco se dirigió a la pista de baile y comenzó a danzar sola, soñadoramente, con los ojos entornados, como si se encontrara haciéndolo en brazos de su tío Pablo.

No dio lugar, sin embargo, al completo y definitivo escándalo que hubiera significado —como pretendía— llevar su estado hasta las últimas consecuencias: desnudarse. Tras quitarse los zapatos y haber ya bajado las tirantas de su vestido de lamé, unos brazos la cogieron como una pluma y la obligaron a desaparecer de la escena.

Se trataba de su tío José María, recién llegado a la fiesta —pese al luto que le impidiera moral y socialmente hacerlo—, que, sacándola por la cancela de servicio del chaflán trasero del jardín, la hizo entrar en el Chevrolet que tras su regreso de Gibraltar con *Lilú* había vuelto a alquilar para utilizarlo durante el resto del verano, y puso el automóvil en marcha después de haber hecho girar, una y otra vez, la manivela hasta lograr arrancarlo, y dirigirse con su sobrina —para hacerle pasar la embriaguez levantando en cuarenta y cinco grados el parabrisas del descapotable—, al muelle de Bonanza; puerto donde llegado de Algeciras, en el año mil trescientos nueve, fuera reembarcado el cadáver de Guzmán el Bueno, para ser enterrado en el monasterio de San Isidoro del Campo, junto a las ruinas de Itálica.

* * *

Un mulato muy *adelantado* —descendiente de la gran colonia de negros residentes en Sevilla, que salían de nazarenos en la Hermandad de penitencia, durante la Semana Santa, denominada aún de *Los Negritos*; negros que habían mezclado su sangre africana con la de las clases más humildes de la ciudad, exceptuando la servidumbre de la familia Ibarra, que conservaran sus ancestros hasta finales del primer cuarto del siglo XX, al igual que el *ghetto* de la población de Niebla, cuyas características raciales aún perduran— gobernaba el timón del buque fluvial donde, en el muelle de Bonanza, de Sanlúcar, embarcara Pablo

Carvajal y Ximénez Enciso para regresar a la capital de Andalucía y asistir a la procesión de la Virgen de los Reyes, patrona de la *muy noble y muy leal*, al Rey Sabio.

El barco —ya de hélice, y de noria hasta bien entrado el siglo— zarpó del puerto a primera hora de la mañana del 13 de agosto de 1926. Sentado bajo la toldilla de proa, el canónigo lectoral contemplaba absorto, no obstante sus contradictorios pensamientos, ambas orillas del delta del Guadalquivir, mientras el vapor navegaba por el brazo maestro del río: las marismas, Victoria Eugenia y Príncipe Alberto, las islas del arroz; la ciudad de Lebrija al fondo, como una nívea montaña de azúcar candy, los cotos forestales, el Caño del Hambre y el Rincón de Merlina... Coria, con su puerto camaronero y su factoría de caviar. Y, tras seis horas de singladura, la silueta doliente y estremecida de soles altos de la Giralda. Finalmente, el muelle de las Delicias, donde arribara el barco al filo de las dos de la tarde, con el palacio de San Telmo y el parque de María Luisa; más los pabellones de la Exposición Iberoamericana: Guatemala, Perú, Argentina, Chile, Estados Unidos... las torres gemelas de la plaza de España, a punto de ser terminadas sus obras, y la Torre del Oro.

Tras desembarcar, Pablo Carvajal subió a uno de los simones de punto, que esperaban en el muelle la llegada de los pasajeros, y se dirigió a la casa canonical, tras no haber permitido ni a su padre ni a sus hermanos poner una conferencia telefónica, desde Sanlúcar con Sevilla, para que fuera a recibirlo la charolada berlina con las armas condales de su Casa, el cochero vestido a la inglesa: chistera, botonadura de plata, calzón blanco y botas de montar color cuero con ribetes albos.

Una vez en su *casa* Pablo Carvajal, sudando como un podenco, se desvistió y se dio un baño de agua fría en la tina de zinc situada junto a los retretes comunales de la primera planta, a la izquierda del corredor, en el fondo del patio de olambrilla. Luego regresó a su *celda*, se arrojó semidesnudo en su cama de hierro, con calcomanías y perinolas doradas, y comenzó de nuevo a reflexionar sobre su vida. Poco a poco, el sueño, tras el cansancio del pesado viaje fluvial, comenzó a refluirle los recuerdos de su infancia y su primera y segunda juventud: el jardín del palacete de la calle Aire, con su palmera, sus limoneros, sus canteros de *gitanillas* y geranios, su rosaleda y su alberca, decorada de azulejos, donde flotaban las flores de loto y se escabullían nadando los pececillos de colores; el seminario de San Telmo con sus grandes dormitorios colectivos, separadas las camas por cortinas de lienzo blanco; el refectorio, las aulas, la capilla, su parque romántico y sus estatuas de los caballeros veinticuatro de Sevilla, el día que fuera ordenado sacerdote en la iglesia del Divino Salvador, donde acabara de párroco, las campanas de la torre de la *sinagoga* de Santa Marina, donde fuera coadjutor, su llegada a la catedral metropolitana... Su lucha constante contra sus dudas y vacilaciones; su fe de siempre y su agnosticismo de contados días. Y su sobrina Carlota, ya como una constante, como un puñal tartesso clavado en su corazón.

Al salir de sus ensoñaciones, levantándose de un salto se abotonó la sotana de andar por casa y se sentó ante el bien afinado piano Bechstein que le regalara su prima Eulalia, la marquesa de Valverde de los Caballeros, *esa joya germánica,* como la calificara su ilustrisísima, el cardenal-arzobispo, para comenzar a interpretar, a pesar de ser la hora de la siesta, la *Fantasía-Impromptus* de Chopin, mientras a su memoria llegaban los versos finales de una rima de Gustavo Adolfo Bécquer: *... pero mudo, absorto, de rodillas, como se adora a Dios ante su altar, como yo te he querido, desengáñate, así no te querrán.*

CAPÍTULO QUINTO

*La procesión. Pablo Carvajal y Ximénez Enciso
almuerza en Sevilla con su prima Eulalia, la marquesa
de Valverde de los Caballeros, y con su amiga
Montserrat Margall. ¡Jazmines, y qué bien huelen!
A José María Carvajal y Ximénez Enciso se le «escapa»
Lilú de Sanlúcar. Conversaciones paralelas
en la casa canonical. La baronesa de Halora se evade
de sus realidades cotidianas. El conde de Carrión
de los Molinos cena en Cádiz con una joven prostituta.
Blanca y Lucía de nuevo en el mirador.*

TRAS CRUZAR EL DINTEL de la Puerta de los Palos presidida por la vidriera con la figura del emperador Carlos V, inexplicablemente disfrazado de San Sebastián, incluyendo todos sus atributos, las andas de la Virgen de los Reyes con su peculiar palio en arco quedó iluminada por el aún tibio sol de las ocho en punto de la mañana de agosto, hora de su salida de la catedral metropolitana, mientras las campanas de la Giralda repicaban a Gloria.

Olía a incienso, a nardos, a cera y a mirto. Y la multitud enfebrecida —tras la interpretación de la

Marcha Real por la banda de cornetas y tambores del III Regimiento de Húsares de la Reina— comenzó a aplaudir la aparición de la imagen gótica regalada por san Luis a su primo san Fernando.

En actitud orativa y beatífica como el resto de los canónigos, los ojos bajos y semicerrados, formando parte del cortejo procesional presidido por el cardenal-arzobispo, en capa pluvial, mitra y báculo, Pablo Carvajal y Ximénez Enciso, relucientes las hebillas de plata de sus zapatos, espejeante su sotana de seda y almidonado al agua de arroz su roquete de ceremonia, comenzó a caminar, con su característico paso, a la vez eclesiástico y galante, sobre el empedrado de la calzada cubierta de romero, alhucema y tomillo.

El regreso a Sevilla tras sus cortas vacaciones lo había hecho entrar en un estado de depresión, en él tan peculiares; el cual parecía ayudarle a mantener, no obstante, su talante clerical a lo largo de la procesión a pesar de que sus pensamientos se encontraran rondando el recuerdo de los días pasados en Sanlúcar y, muy especialmente, en el de la mañana que, a punto de mira del catalejo, descubriera en la playa la estremecedora belleza del busto, las piernas y los muslos de su sobrina Carlota, velazqueña Venus del espejo que rompiera su equilibrio psíquico y teológico. No obstante era a todas las madonas italianas del Renacimiento a las que, en la distancia de diecisiete días, la asociara al intercalar ahora en su remembranza su viaje a Italia y su visita al museo Vaticano donde las desnudeces femeninas no significaran para él simples mitos orlados por el arte, sino realidades tangibles, aunque ya evidentemente difuntas tras casi cuatro siglos que sus cuerpos se convirtieran en cenizas, imposibles de alcanzar cual faunos a floras, dianas y ninfas en los bosques y lagos de su cerebro.

El periplo de la procesión, que se limita a dar la vuelta a media catedral circunvalándola por las calles Alemanes y Génova, para entrar de nuevo en el templo por la puerta de San Miguel, duró menos de una hora; lo que no impediría que, al terminarse la corta carrera oficial, se encontraran sudorosos y agobiados, bajo el sol ya victorioso y la calina, desde el cardenal-arzobispo al capitán general —que también presidía el cortejo en nombre del rey—, desde el gobernador civil, el alcalde, los concejales del Ayuntamiento y el presidente de la Diputación, al último monago de incensario dentro de sus hábitos talares, uniformes y chaqués.

Una vez terminado el acto, y tras la Salve cantada por todos los fieles, acompañada por la música de los cañones de estaño de los órganos barrocos y románticos, Pablo Carvajal y Ximénez Enciso, tras despojarse de su sobrepelliz de ceremonia y de su bonete en la sala de ornamentos, tomó su ligera canoa de verano y su manteo de seda y regresó a la casa canonical para desayunar en el refectorio chocolate con churros siguiendo una tradición iniciada a lo largo de la guerra de Independencia.

El contradictorio y pedestre mundo de la comunidad canonical lo abrumaba. Y rara vez aceptó en tres años de Cabildo integrarse en él, a lo cual no estuviera, por supuesto, obligado. De manera que, terminado el refrigerio, se despidió con una amable media sonrisa de sus colegas y subió a su sala y alcoba para despojarse del traje talar y tomar un libro de horas de su biblioteca para hacer tiempo. Había quedado citado con su prima Eulalia, la marquesa de Valverde de los Caballeros —que lo obsequiara el penúltimo año de su santo con el piano Bechstein— en su palacete de la calle San Vicente donde ella, después de haber pasado con una amiga un mes en Biarritz y dejado a sus respectivos maridos en San Sebastián, se encontraban en tránsito y a punto de trasladarse a las tierras de la Axarquía, en Málaga, donde el marquesado poseía un caserón —en mitad de un coto de caza colindante con la carretera del litoral y situado a una legua de distancia de la ciudad de Vélez— donde habían decidido permanecer juntas hasta los últimos días de septiembre.

* * *

Tras el almuerzo, servido sin apenas protocolo en el comedor celeste del palacete donde los paisajes venecianos de Giorgine difícilmente armonizaban con los espejos rococós, los retratos románticos familiares y los lienzos de Valdés Leal, la marquesa de Valverde de los Caballeros, su amiga Montserrat Margall, primogénita de una familia de la alta burguesía ilustrada catalana, y Pablo Carvajal pasaron al saloncito para tomar café bajo la brisa del lento ventilador *colonial* colgado del cielo raso. Ocupando cada uno de ellos una butaca baja tapizada de cretona inglesa, la posición, mientras conversaban, del canónigo lectoral le permitía contemplar con cierta turbación las rodillas de ambas, al filo de los treinta años y con idéntico descoque en su manera de hablar y vestir que su sobrina Carlota.

—¿Cómo habéis dejado a vuestros maridos en San Sebastián y marcháis a pasar solas el resto del verano en la Axarquía?

Eulalia y Montserrat, vestidas con clámides de gasa, largos collares, zapatos blancos de alto tacón, el cabello cortado a lo *garçon,* manejando sus pequeños abanicos, pintados a mano, el *país* de rosas, jazmines y gladiolos, cruzaron una mirada llena de sobrentendidos y se limitaron a sonreír; aunque, finalmente, Eulalia aclarara la situación o, mejor dicho, intentara justificarla; lo que no lograra, sin embargo, en la medida justa de sus deseos:

—Montse quiere descubrir la Andalucía Oriental. Por otro lado, ya conoces la tradición tipográfica catalana, que nosotros hemos desgraciadamente perdido. Ella está ilustrando un libro, que publicarán en edición restringida unos amigos, sobre distintas anécdotas de la vida de Cervantes, tan amante de Barcelona. Una de ellas referida concretamente a Vélez-Málaga.

—¿Estuvo don Miguel en el antiguo reino nazarita? —preguntó Pablo.

—Naturalmente que estuvo —respondió Montserrat Margall—. Y deseo conocer el lugar para sacar unos apuntes con respecto a esa anécdota que luego convertiré en acuarelas para ilustrar la edición.

—No sabía que pintaras —se asombró el canónigo lectoral—. Pensé que se trataba de fotografías.

—Y lo hace divinamente —defendió su prima Eulalia.

—Te felicito. Espero conocer la obra.

—Por supuesto que, cuando aparezca la edición, te dedicaré un ejemplar.

—¿El texto es también tuyo?

—No —contestó Montserrat—. Es del vizconde de Viladrau.

—Interesantísimo. Muchas gracias. Te agradezco el obsequio. Soy un enamorado de la obra cervantina, y, por tanto, también de la vida y milagros del héroe de Lepanto y recaudador de contribuciones.

—La anécdota de Vélez se refiere concretamente a la Hacienda real.

—Un aspecto muy importante para comprender su obra.

Montse cruzó las piernas —que dejaron al descubierto sus ligas color fresa— y contó el desconocido episodio de Cervantes en Vélez, donde apareciera en 1594 para recaudar las alcabalas y tercias; concretamente doscientos setenta y siete mil cuarenta maravedises; pero, según su propia frase, nadie los tiene en el pueblo, por lo que el recaudador local Francisco de Vitoria se ve obligado a firmar una letra de cambio, la primera que se hace en la Axarquía, por valor de cuatro mil reales, que Cervantes *descontará* en Málaga, quedando sin cobrarse ciento cuarenta y un mil cuarenta maravedises.

—Mi intención —continuó— es sacar apuntes de la posada donde pernoctó y también de la iglesia de Santa María de la Encarnación.

—Perfecto. Me parece un viaje ideal —afirmó el canónigo lectoral a pesar de imaginarse, aunque creyera en la veracidad de la anécdota cervantina, desde su perspectiva de confesor, buen conocedor de la condición humana, que no bastaba el motivo para comprender la larga estancia de su prima y su amiga Montserrat en la Axarquía, tras haber dejado además a sus respectivos maridos en Guipúzcoa. No obstante, no hizo, naturalmente, ningún comentario al respecto, aunque siempre había puesto interiormente en tela de juicio la feminidad de su prima; aunque aparentara ser una diosa. Y lo era, en efecto, aunque *griega*; y comenzara a poner ya en duda la de Montserrat, sílfide de ojos llameantes donde las luces y las sombras parecieran desdoblarse en el fondo de sus pupilas donde creyera adivinar una bola de cristal de bruja en la que se escenificaban los inexplicables amores de Némesis y Cibeles.

Tras la siesta que echara en una de las habitaciones de invitado de la casa de su prima Eulalia, ineludible dado el calor asfixiante de las primeras horas de las tardes estivales sevillanas que le impedían salir a la calle, Pablo Carvajal, sobre la siete, hora del té, que tomara con las dos beldades, abandonó el palacete a pie, negándose que lo llevara el chófer de la casa en el Rolls —verde y crema— hasta la calle de Génova.

El sol ya declinante había devuelto su ritmo y su pulso a la ciudad. Comenzaban a poblarse las calles de mocitas pintureras, cogidas del brazo, con moñas de jazmines prendidas en el pelo, batas de percal y zapatitos de estameña o de lona; de galanes con chaquetas de hilo blanco, cuellos almidonados y corbatas domingueras; de recios hombres y pudorosas mujeres que se dirigían al centro para visitar los jardines del Alcázar, abiertos al público por ser el día de la Patrona; de niñas vestidas de batista y holganza con cupidos de raso y calcetines tobilleros, y niños vestidos de marineros que, acompañados de sus padres, se encaminaban al parque de María Luisa o a los jardines de Cristina o de Catalina de Ribera para jugar al aro o al diábolo; de criadas del cuerpo de casa acompañadas de soldados a los que se les había dado licencia para conmemorar la festividad; de chulos jacarandosos y dicharacheros; de obreritas de la Pirotecnia Militar o de la Real Maestranza de Artillería; de curas, de seminaristas, de vendedores de barquillos y reolinas, de fotógrafos ambulantes...

Los tranvías de jardinera, con cortinillas voladoras, rebosaban de público hasta los estribos; los simones de caballo, coches de punto, trotaban paseando las clases sociales más o menos pudientes que no habían podido salir, no obstante, a veranear por no permitírselo sus cortos caudales. Olía a axilas aún sin mancillar y ya mancilladas, a colonia Pompeya, a jabón de tocador, a humo de tabaco habano, a albahaca y a jazmines; especialmente a jazmines, una constante en cabellos, solapas, muros reptados, zaguanes y bandejas —desde donde eran expedidos—, llevadas por niñas del arrabal, de alpargatas, trapillos y sonrisas melancólicas previendo que sus vidas de vendedoras ambulantes terminarían inexorablemente en un prostíbulo tras perder la virginidad en un retrete de su casa de vecindad bajo las exigencias de un primer novio arrogante y marchoso, pese a pertenecer también al proletariado, que terminaría por dejarlas tiradas una vez *perdidas*.

El canónigo lectoral, tras cruzar la plaza del Museo, se dirigió a la de la Magdalena para salir a la calle Tetuán, discurrir bajo los naranjos del andén del Ayuntamiento y alcanzar la calle Génova, donde volvería a entrar en la casa canonical para encerrarse en sus habitaciones y comenzar, un tanto enloquecido, a tocar el piano para liberarse de sus fantasmas y exorcizar a sus demonios. De nuevo volvían a repicar las campanas de la Giralda que pusieron un contrapunto primero a unos preludios de *Goyescas*, de Granados, y, más tarde, a los de *Pepita Jiménez*, de Albéniz.

* * *

Sobre las doce de la mañana del día siguiente a la procesión de la Virgen, que según la leyenda fue tallada por dos ángeles, José María Carvajal y Ximénez Enciso dejó aparcado el Chevrolet descapotable en el Postigo del Aceite y se dirigió a la casa de los Canónigos para visitar a su hermano. Tras cruzar el patio y subir la escalera del Cabildo, llamó con los nudillos a la puerta de la saleta de Pablo, que terminó por abrir al cabo de unos minutos. El canónigo lectoral advirtió en el primogénito tal desasosiego que por un momento pensó que algo grave podía haber ocurrido, y *grave* era al parecer, pero no en la medida de lo que se temiera.

—Luisito Pacheco se me ha escapado de Sanlúcar. Estoy desesperado, Pablo, desesperado.

—Tranquilízate.

—¿Cómo quieres que me tranquilice? ¿Qué hago?

—Conste que me estás hablando como hermano, no como sacerdote. Y sólo como hermano te responderé. Sabes bien que la Iglesia no puede aceptar tu *singularidad*.

—Tampoco puedo aceptar yo entonces a la Iglesia.

—Por favor, José María.

—Me lo llevaré por las buenas o por las malas. ¿Qué opinas?

—¡Estás loco!

—Sí, loco por él.
—No puedo aceptar esa forma tuya de hablar, tu desgarro, tu continua desazón.
—Compréndeme, Pablo, compréndeme.
—¿Qué piensas hacer?
—Ya te digo que no lo sé. Por eso he venido a verte, para que me aconsejes.
—El único consejo que puedo darte es que olvides el asunto.
—Imposible.
—Recurre a Dios. Haz unos ejercicios espirituales.
—Si Dios me hizo así, ha de aceptarme como soy.
—Te acepta y te ama. Pero pídele perdón por tus pecados.
—Me voy, disculpa. Veo que, como siempre a lo largo de nuestras vidas, seguimos sin entendernos.
—Quédate, por favor, José María. Sabes que, pese a todo lo que nos separa, te quiero como hermano mío que eres.
—Lo cortés no quita lo valiente. Voy a buscar a Luis. Seguramente a esta hora habrá vuelto ya a su casa. Al menos es lo que me ha dicho su madre, con la que he estado conversando nada más llegar a Sevilla esta mañana.
—¿Qué piensa ella de vuestra situación?
—El problema no está en ella, sino en él. Su madre no sólo la acepta sino que desea que lleguemos a un acuerdo de convivencia. A pesar de ser ex cigarrera resulta una persona encantadora y, yo diría, incluso civilizada, pese a la humildad de su cuna. Sacaré a los dos de ese corral de vecinos y les pondré un piso en un sitio discreto, por calle Oriente.
—No me lo cuentes, por favor.

—A lo mejor, algún día te decides a ser tan sincero conmigo como yo lo soy contigo.

—¿Qué quieres decir? Concretamente ¿a qué te refieres?

—A Carlota. También tú la quieres, tanto como ella a ti aunque pretendas engañarte a ti mismo.

—Dejemos ese asunto.

—Dejémoslo, sí, es preferible. Ya veo que contigo no cabe la menor posibilidad de comunicación —respondió José María Carvajal a su hermano levantándose de la mecedora de rejilla situada a la izquierda del piano Bechstein y frente a la pequeña biblioteca para dirigirse a la puerta, donde quedó unos instantes con la mirada en suspenso antes de abrir el picaporte, cruzar la jamba y dar un portazo en el momento en que el reloj de la Giralda daba la solitaria campanada de la una del mediodía.

* * *

De nuevo solo, el canónigo lectoral se sintió tan deprimido que —algo que no era en él habitual— sacó de la alacenilla una botella de coñac y de la fresquera una jarra de agua enfriada con media barra de hielo que, desde mediada la primavera hasta bien entrado el otoño, le subía cada día a su habitación un repartidor a domicilio de la fábrica de nieve La Unión Industrial y Comercial, cuyos carros color amarillo canario tirados por caballos percherones recorrían de uno a otro extremo la ciudad de la Gracia distribuyendo a una clientela fija no sólo hielo sino gaseosa de bolita de cristal y zarzaparrilla con extracto de sidra perfumada de anís, bebida que se expendía en público solamente en el mostrador de zinc de Casa Dolorcita, situada en calle Sierpes, junto a la plaza de la Campana.

Tras tomarse la segunda copa de coñac con agua helada, Pablo Carvajal se sintió más confortado, en la medida de sus emocionales limitaciones, ya que su hermano José María había vuelto a abrir de nuevo una brecha en su corazón al recordarle a Carlota a la que, pese a no haber olvidado ni un solo instante, rememoraba sólo platónicamente en las últimas horas en un esfuerzo titánico por no vincular su amor al sexo, a pesar de que le era imposible olvidar su cuerpo tendido en la arena de la playa de La Jara.

A punto de servirse una tercera copa —dilatadas sus pupilas por culpa del alcohol, al que no estaba habituado— unos dedos repiquetearon en la puerta de su estancia. Pensando que se trataba de su hermano José María, que regresaba arrepentido tras su desairada salida, Pablo Carvajal, después de guardar la botella de coñac en la alacena, fue a abrirle, quedándose sorprendido de descubrir ante él, con la barba crecida, los cabellos revueltos y discretamente embriagado, a Luis Pacheco en persona.

—Necesito hablar con usted, Padre —exclamó *Lilú*.

El canónigo lectoral dudó unos instantes si dejarlo entrar. Lo hizo no obstante, finalmente, tras adoptar una actitud hierática, gélida y solemne, escudándose en la máscara de arrogancia y soberbia de su clase social, por un lado, y de su magisterio eclesiástico, por otro:

—Pase. ¿Qué desea? —le preguntó, entre irónico y despectivo, sin mirarlo, naturalmente, a los ojos.

—Le he dicho que quiero hablar con usted sobre algo que, estoy seguro, le afecta: su hermano José María.
—¿Qué lazos le unen a usted con él?
—El de la amistad y afecto, ¿le parecen pocos?
Pablo Carvajal miró a *Lilú* de arriba abajo, y, tras pensárselo de nuevo, le invitó finalmente a sentarse en la mecedora de rejilla.
—Una amistad, al parecer, un tanto conflictiva según las noticias que me han llegado.
—Efectivamente.
—¿Quiere decirme qué desea?
—Tras la conversación que él ha mantenido esta mañana con mi madre, dejar una vez las cosas claras.
—Explíquese.
—La cosa es bien sencilla. Pese a la amistad que nos une, no estoy dispuesto a convertirme en su esclavo. De hecho me veo obligado a aceptar de él algunas prebendas, pero...
—Al parecer, demasiadas.
—Contadas, diría yo. A ello, sin embargo, me obligan mi falta de recursos y el hecho de encontrarme en paro.
—En Sevilla en estos momentos, gracias a la Exposición Iberoamericana, cualquiera que lo desee puede encontrar trabajo.
—Yo no soy un obrero manual, ni tampoco un artesano. Lo mío era el mundo de los toros, y ha dejado de serlo porque me faltó valor, no arte, para continuar en los ruedos. Como monosabio de la Real Maestranza, lo que he terminado siendo, me reporta unos beneficios de cinco duros sólo cada vez que hay corrida y, como comprenderá...

—Bien. Pero quiere decirme de una vez qué es lo que desea.

—Hacerle comprender a su hermano, a través de usted, que esta situación de esclavitud y de servilismo a que me tiene sometido tiene que terminar.

—Rompa definitivamente su amistad con él.

—Es lo que he hecho; pero no me deja vivir, me persigue, me acosa, me trae por la calle de la Amargura.

—¿Por qué no abandona definitivamente Sevilla?

—Porque no tengo un real. Además, no quiero separarme de mi madre.

Las últimas palabras de *Lilú* conmovieron, en cierta medida, al canónico lectoral, y su actitud hacia él cambió ciento ochenta grados. Una idea le vino inesperadamente a la cabeza y, tras analizarla en unos segundos, la formuló con una pregunta directa.

—¿Por qué no se marcha a América?

—¡Qué gracioso! ¡A América! Perdone, Padre, ¿usted está loco? ¿De dónde saco yo los parneses para marcharme a América? Además, ya le he dicho que no quiero separarme de mi madre.

—Se marchan los dos juntos —exclamó enfáticamente el canónigo lectoral—. Por lo que respecta al importe del pasaje, no se preocupe, yo se lo proporcionaré, si me firma un documento comprometiéndose a no poner más los pies en España, o, al menos, en esta ciudad.

Luis Pacheco se quedó perplejo frente a tan sorprendente ofrecimiento. Preguntó:

—¿Y qué hago yo en América?

—Allí puede abrirse camino de muchas formas, no se preocupe. Además, le daré una carta de presentación para unos amigos que tengo en Buenos Aires y que pueden proporcionarle un trabajo honrado en una de sus haciendas de la Pampa.

—¿Usted cree?

—Naturalmente que lo creo. ¿Acepta?

De nuevo sorprendido, después de dudarlo unos instantes, Luis Pacheco contestó:

—¡Acepto!

—¿Cuándo quiere embarcar?

—No sé. Desconozco los trámites.

—De todo eso me encargo yo: pasaporte, pasaje... y de proporcionarle unas pesetas para cubrir sus gastos durante los primeros meses.

—No sé cómo agradecerle...

—No me tiene que agradecer nada. Mañana, a las diez, espéreme a la puerta de Wagons-lits. ¿Sabe dónde está esa agencia de viaje?

—Naturalmente.

—Después, mañana mismo, solicitará usted su pasaporte y el de su madre en la Jefatura de Policía. Hablaré con el secretario del gobernador para que se lo tengan todo listo en una semana, siempre y cuando no lo impidan sus antecedentes penales.

—No los tengo.

—¿Está seguro de que no se volverá atrás? Aún no ha consultado con su madre.

—No me volveré atrás, se lo aseguro. Por lo que respecta a mi madre no se preocupe. Ella irá donde yo le diga, aunque sea al mismo infierno.

—Entonces ¿quedamos mañana, a las diez, a la puerta de Wagons-lits?

—Quedamos, sí. Y muchas gracias, Padre.

—No se repita. Por supuesto, tiene que prometer-

me que mi hermano José María no sabrá una sola palabra ni de nuestra conversación ni de toda esta historia.
—Ni una sola. No se preocupe. ¿Cuándo piensa que podré embarcar?
—En diez o doce días, en Cádiz o, a lo mejor, en Gibraltar.
—¿En Gibraltar?
—Sí, en Gibraltar.
—¡Qué casualidad, Padre, qué casualidad! ¿Quién me lo iba a decir cuando en el mes de julio estuve allí con su hermano?

* * *

Tras desprenderse de los auriculares de la radio de galena donde se encontraba escuchando música bailable en EAJ-5 Unión Radio Sevilla, emisora recién inaugurada, Carlota Rosillo y Ximénez Enciso, aún tendida en la otomana de su saloncito privado, se preguntó si el amor y el sexo no podrían ser eventualmente separados y si, en vista de las circunstancias y de los desaires de su tío —al que estaba segura de seguir, no obstante, amando—, no sería conveniente hacer de tripas corazón el resto del verano y saciar sus insatisfechos apetitos de hembra salida con cualquier varón de buen ver, aunque se tratara de un pescador de Bajo Guía, un labriego de viñas o un marinero de la Ayudantía de Marina, lo que la libraría de complicaciones dentro de su cerrado y mendaz medio social en el que, inevitablemente, se veía obligada a desenvolverse cada día.
Con esta idea, ya fija, rondándole sus dulces sie-

nes, la baronesa de Halora, tras darse una ducha fría en el encalado cuarto de baño —aún con tina de zinc y chorro de regadera—, se vistió con una descocada blusa de seda, una falda a media rodilla y unos zapatos de tacones versalles para, después de perfumarse en su peinadora, decorada con muñecas alemanas de celuloide, gatos de porcelana y joyeros de concha de tortuga, ordenar a la gobernanta que llamara al chófer para sacar el auto de las antiguas caballerizas —ya garaje— y dar una vuelta sola por el litoral.

En el patio del palacete, las golondrinas cruzaban y recruzaban piando la cuadrícula de luz crepuscular, rozando al pasar con sus alas los alambres-carriles de la vela ya descorrida que, desde la mañana, resguardaba el cenador del sol. Y de las recién regadas macetas de albahaca se escapaba un inconfundible aroma que, unido a la fragancia de los jazmineros, de los limoneros, de las rosas de pitiminí y de los naranjos del jardín, excitaron aún más, si posible fuera, los deseos de Carlota de caer rendida aquella tarde en los brazos de cualquier hombre.

* * *

El conde de Carrión de los Molinos, embutido en un terno de hilo blanco con brazalete en la manga izquierda de su almidonada chaqueta —el único recuerdo de su luto—, un nardo en el ojal de la solapa, un bastoncillo de mimbre con empuñadura de plata en la mano y un panamá flexible con las alas caídas a la inglesa sobre la encanecida cabeza de chorlito, precedido de su mayordomo, que se despidió de él con media sonrisa, ordenó a su chófer dirigirse al Puerto de Santa María para circunvalar más tarde la bahía y llegar a Cádiz —la Sirena del Océano, como la llamara Lord Byron— antes de las nueve de la noche ya que a esa hora había concertado la cena con *unos amigos* en el comedor del hotel Atlántico.

Tras una hora y media de viaje, a pesar de la cercanía de Sanlúcar de Barrameda con la antigua Gades milenaria, la ciudad más antigua de Occidente, donde la mitología y la historia se entrecruzan en un mosaico fenicio-griego-romano de luces y de sombras, con Génova y Venecia como telón de títeres para charangas y carnavales, el conde de Carrión de los Molinos, ya en el hotel Atlántico, indicó a su chófer que aparcara a la izquierda de las escalinatas, junto a los macizos de rosas y arrayanes y que, si le apetecía, fuera a comer a cualquier tabanco y a dar una vuelta por la ciudad andando mientras concluía la cena, cuya duración sería, aproximadamente, de un par de horas.

El viaje a Cádiz de José María Carvajal y Zúñiga había sido previamente planificado, teléfono en mano, a través de distintas conferencias sostenidas con la *tacita de plata* por Eusebio, su ayuda de cámara. Se trataba —y lo consiguió— de ponerse en contacto con el director del hotel para alquilar por una noche una habitación cara al mar, y con la dueña del burdel más caro, famoso y discreto de la ciudad, para proporcionarle a su señor una menor que se dirigiría en taxi al Atlántico para hacerle durante un par de horas compañía, primero en la mesa y más tarde en la cama.

Cuando el conde de Carrión de los Molinos entró en la *suite*, halló la mesa ya puesta, las botellas de vino y de champagne enfriándose dentro de las cubetas, la cama destapada; y una hermosa y tímida adolescente de dieciocho años —morena de ojos verdes y trenzas cayéndole sobre la espalda— aguardando su llegada.

Caían ya las sombras de la noche de agosto sobre la bahía, donde las linternas de los pesqueros de la bajura brillaban como luciérnagas a la luz plateada de la luna en creciente, mientras los haces del faro del castillo de San Sebastián reverberaban su intermitencia a lo largo de la ensenada.

* * *

Blanca y Lucía, sentadas como era su costumbre en el mirador contemplando por un lado la desembocadura del Guadalquivir y por otro el caserío y la calle a media pendiente donde se alzaba la casa condal, iniciaron —como era en ellas también habitual— un duelo de preguntas y respuestas donde, si no tenían exactamente lugar los chismes, los dimes y diretes y el cotilleo social veraniego, sí los recuerdos de otros estíos y, fundamentalmente, el análisis de los problemas que afectaban a la familia: las inexplicables salidas diarias de su padre, pese a encontrarse aún en período de luto, que por otro lado no cumplía ni en su vestuario; la licenciosa vida de su hermano mayor, las depresiones de Pablo y los desafueros de su sobrina Carlota, sin olvidar a su prima Eulalia que aquel año había cambiado las playas del Sur por las de Guipúzcoa.

Aquella mañana, siete de septiembre, se había celebrado, como todos los meses desde su fallecimiento, una misa de Difunto para conmemorar la muerte de su madre, la condesa de Carrión de los Molinos; pero en esta ocasión sólo ellas dos, sus hijas, habían acudido a la antigua colegiata, la parroquia de Santa María de la O. Su padre, que había vuelto de Cádiz de madrugada, se negó a asistir quedándose en la cama, poniendo como pretexto lo cansado que se encontraba tras la cena a que se había visto obligado a acudir por razones de cortesía la víspera. Por lo que se refiere a su hermano José María ni siquiera había regresado aún a las nueve de la mañana para acompañar, como acordaran, a sus hermanas al funeral. Sólo Pablo, que había telefoneado desde Sevilla para recordárselo, había ofrecido su misa de aquel día a la memoria de su madre; porque tampoco su sobrina Carlota se había dignado oír la misa por su tía abuela en la parroquia, argumentando que se hallaba indispuesta con jaqueca, lo cual no le impediría bañarse aquel mediodía en la playa.

Después de dos horas de charla, Blanca y Lucía acordaron iniciar los preparativos del viaje de regreso a Sevilla y dar por terminadas las vacaciones una semana más tarde, adelantadas en siete días aquel año ya que nunca habían vuelto de Sanlúcar antes del 21 de septiembre, con la entrada oficial del otoño, aunque tanto en el litoral como en el interior de la Baja Andalucía continuara siendo verano hasta mediado octubre, tras la vendimia y la caída de las primeras aguas, coincidentes con la celebración del Día del descubrimiento de América.

CAPÍTULO SEXTO

*«Del viento del otoño el tibio aliento...» La baronesa
de Halora y José María Carvajal en el hipódromo
de Pineda. La rosaleda del venerable
Miguel de Mañara. Encuentro del canónigo lectoral
con su sobrina Carlota en la iglesia del hospital
de la Caridad. Blanca y Lucía en la catequesis.
Juerga frustrada del conde de Carrión de los Molinos
en la cava de los gitanos.*

LA TEMPERATURA BAJÓ POR FIN discretamente tras el veranillo del membrillo, la vendimia y la festividad de la Virgen del Pilar. Discurría de nuevo, aún suavemente, el viento encañonado por la calle Aire, y de los naranjos de plazas y jardines pendían los frutos agrios que no habían sido todavía recolectados para enviar a Gran Bretaña; naranjas sevillanas que, transformadas en mermelada inglesa, adquirirían más tarde las honorables familias y llegarían a las bandejas de los desayunos y los tes de las cinco, vía la ruta de contrabando, desde Gibraltar.

Con la venida del otoño, Pablo Carvajal y Ximénez

Enciso parecía encontrarse más calmado en su pasión por su sobrina; aunque sus noches continuaran siendo insomnes, sus tardes melancólicas y, afortunadamente, activas sus mañanas gracias al trabajo a que le obligaba el Cabildo catedralicio. Ahora frecuentaba con menos asiduidad el palacete familiar, evitando encontrar en él a Carlota; aunque no dejara transcurrir tres días sin almorzar con su padre y sus hermanas, ya que José María rara vez lo hacía en la casa, de la que salía poco antes del mediodía para regresar invariablemente a ella de madrugada.

Un lluvioso anochecer de últimos de octubre, el primogénito volvió a repicar de nuevo con sus dedos trémulos en la puerta de la saleta y alcoba de su hermano Pablo. Llegaba envuelto en una chorreante trinchera Burberrys anudada a la cintura, empapado el verde sombrero cazador con las alas hacia abajo que traía en la mano, enfundada en unos guantes de piel de cerdo.

Pablo lo hizo desprenderse de la gabardina, que colgó del espárrago junto con la mascota y le invitó a sentarse en el pequeño sofá forrado de damasco color hoja seca, haciéndolo él esta vez en la mecedora de rejilla temiéndose que su hermano pudiera descubrir desde un sexto sentido la ya lejana presencia de *Lilú* en la casa canonical.

Tras tomar asiento, cruzar las piernas y encender un cigarrillo americano, José María Carvajal sacó del bolsillo interior de su chaqueta de *cheviot* con botones de cuero un sobre y de él el pliego de una carta que comenzó a leer a media voz, tras solicitar de su hermano que pusiera atención a sus palabras. Pablo, impertérrito a pesar de haber visto los sellos argentinos de la misiva, colocando las manos sobre el regazo, asintió con la cabeza y guardó silencio.

Buenos Aires, 15 de octubre de 1926
Querido amigo:
Por la presente quiero comunicarte que, para las próximas Navidades, contraeré matrimonio —en la Basílica Menor de Nuestra Señora del Pilar del barrio Recoleta de la capital del Plata— con Lurdes Chinetti, sobrina de una ilustre familia criolla para la que traje carta de presentación de tu hermano Pablo, al cual debo mi estancia en la República Argentina.
Ya imagino que te será imposible acudir a mi boda, aunque me encantaría que fueras mi padrino. He de anunciarte también que viajaré a Sevilla, no en mi luna de miel, sino, si Dios quiere, de aquí a tres años, cuando se inaugure la exposición Iberoamericana. A mi futura esposa —que me ha ayudado a redactar esta carta— a la cual le he contado que fuimos amantes, le entusiasma la idea de conocer la Madre Patria, particularmente Andalucía y, muy especialmente, Sevilla.
Queda tuyo con un abrazo,

Luis

P. D. Recuerdos para ti y para tu hermano, de mi mamá.

El canónigo lectoral no movió siquiera una pestaña, permaneciendo con las manos inmóviles sobre el regazo en espera de la reacción de su hermano, que no se hizo esperar.
—¡Me has quitado un peso de encima!
—Me alegro. ¿Acaso sabías que yo...?
—Sí, lo sabía. Has de tener en cuenta que esta

ciudad es un pañuelo lleno de liendres, y aunque Luis nada me dijo, pues es ésta la primera noticia que de él recibo, atando cabos llegué a la conclusión, tras algunos informes que ya previamente a ti apuntaban, que sólo tú podías haber sido capaz de proporcionarle a él y a su madre unos pasajes y unas pesetas a cambio de nada; o, mejor dicho, de que me liberara definitivamente de él. O él de mí, ¡quién sabe! Lo que me asombra es que, sólo un mes más tarde de haber desembarcado, esa criatura haya sido capaz de conquistar a una mujer de clase superior, y que, además, le haya perdonado su amistad conmigo, de la que, inexplicablemente, la puso en antecedente.

—Con independencia de que el mundo sudamericano poco o nada tenga que ver con el nuestro, es fácil entender la situación. Jugó muy fuerte la única baza a la que podía apostar. Y ganó —contestó el canónigo lectoral.

—No entiendo lo que quieres decir. Pensé que ella podía ser también una mujer muy *singular* y que se habían limitado a firmar un pacto.

—Eso lo ignoro; pero, según mis noticias, lo único que puedo decirte es que Lurdes Chinetti ha cumplido ya los cincuenta años.

—¡Y él no llega a los veinticinco, qué canalla! Imaginé que se trataba de una joven y hermosa criolla.

—¡Ya ves lo que te has quitado de encima!

—Gracias, Pablo —dijo José María conteniendo su agresividad—. Es la primera vez que me haces un favor en la vida; quizá porque desearías que alguien, en semejante medida, lo hiciera por ti quitándote a Carlota de en medio.

El canónigo lectoral se quedó pálido ante las palabras de su hermano, y un sudor frío invadió su frente y su cuello, mientras su corazón comenzaba a latir al galope, como el de un caballo desbocado.

—Te ruego no toques ese tema ni te permitas hacer la menor insinuación sobre ella. No te lo puedo consentir ni como sacerdote, ni como hombre.

—De acuerdo —contestó José María, mientras rememoraba para su adentro la terrible frase bíblica y el conocido proverbio árabe, ambos enlazados: *Ojo por ojo y diente por diente*; pero, *espera a la puerta de tu casa y verás pasar el cadáver de tu enemigo*.

* * *

Si mal cuidada se encontraba la *pelouse* —más calveros que grama—, en peores condiciones aún se hallaban las gradas del mal llamado hipódromo de Pineda que, con más propiedad, podía ser calificado de rodeo caballar o cochinera por culpa de la despreocupación y sentido de la provisionalidad de la clase feudal andaluza que, subconscientemente, estimaba encontrarse aún en tierra de conquista y que las *colonias* no merecían ser elevadas al rango de metrópoli.

En estas condiciones, pues, de precariedad el hipódromo no ofrecía sino un limitadísimo espacio *confortable*, el de la tribuna, levantada de mampostería, lo que la diferenciaba sustancialmente de las tablas de circo ambulante del resto de las localidades plebeyas. Tribuna de cal y cantos rodados que se enjalbegaba sólo para la temporada de primavera, encontrándose todos los otoños en deplorables condiciones que salvaban las almohadillas, como en las plazas de toros.

No obstante esta situación, a la *americana*, espejeaban en ella, bajo el sol de noviembre, los vestidos estampados, los *renard*, las joyas, las pamelas y los casquetes femeninos de fieltro con plumas guacamayas, las chisteras grises y los pantalones de corte. Y, en la zona destinada a estacionar los carruajes, los Rolls, los Hispano, las berlinas, los landó, los victoria, los *breack*, los faetones y los *dog-cart*, custodiados por los mecánicos, uniformados de negro, con gorras forradas de piqué blanco y leguis, y los cocheros ataviados a la inglesa.

Tras la quinta carrera, ganada por una yegua hispano-árabe de la cuadra del duque de Veragua, se inició el intermedio que toda la tribuna esperaba para cotillear, cambiar impresiones, pasear los modelos de París y tomar una copa en el bar americano del ambigú donde las banderas de papel manila empavesaban la botellería con espejo frente a la barra de cemento y escayola en un decorado de carnaval.

José María Carvajal y Ximénez Enciso, de luto oficial aún, que había declinado el uso de la amada chistera —sustituida por un bombín negro— sin renunciar ni a la flor en el ojal, ni al bastón con empuñadura de jade y los guantes blancos de cabritilla, introdujo los prismáticos *zeiss* en su funda, quitándoselos del cuello para colgarlos del hombro izquierdo, y, tras cobrar una *gemela*, se dirigió al ambigú donde había descubierto, sentada en un velador de la terraza, a su sobrina Carlota.

Mientras la baronesa de Halora se arrojó como una niña en brazos de su tío, Alberto, su marido, lo recibió con una gélida sonrisa, los labios fruncidos y un ambiguo aletear de pestañas a lo que José María Carvajal no hizo el menor caso; en vista de lo cual pidió disculpas a su mujer y se marchó a la barra a tomar una copa dejando a Carlota y a José María solos.

—Hace una eternidad que no nos vemos.

—No exageres. Sólo una semana. En la tómbola de caridad de Rocío Medina. ¿O es que acabaste tan borracha que no te acuerdas?

—Qué horror, sí, tienes razón.

—Tendrás que moderarte.

—¿Acaso tú te moderas?

—Es distinto. Yo soy un hombre.

—¿Estás seguro?

—En la misma medida que lo es tu marido, mujer. No te enfades. ¿Cuántas veces hemos hablado de esto? ¿No te parece ahora correcta la comparación?

—Cambiemos de tema, te lo ruego.

—Hablábamos del alcohol. ¿Pretendes acaso terminar con tu belleza y con tu juventud?

—Bueno, no sé. Sabes que estoy desesperada.

—Échate de una puñetera vez un amante fijo.

—¿Quién? ¿Un torero?

—No, por favor, evita a esa gentuza.

—¿Un chófer, un lacayo, un albañil, un chulo? Porque dentro de nuestro mundo no me interesa nadie. Ya conoces el patio.

—Lo ideal sería un verdadero artista.

—¿Un verdadero artista? El año pasado, la última vez que me pintaron un retrato lo hizo otro Alberto, Gentile.

—Lo conozco, muy dandy él.

—Persona encantadora y, ciertamente, muy guapo y muy atractivo. No me hubiera importado liarme con él; pero estaba más preocupado de su próxima exposición en Nueva York y de obtener la medalla de oro por el retrato de su madre en el salón de otoño de París que de mi belleza, que tanto asegura admirar.

—Alberto Gentile es muy especial. Hay que conocerlo a fondo, lo cual no significa que deje de admirarlo como pintor de interiores de conventos y de jardines, pero no como retratista.

—Por otro lado, tú sabes cuál es mi problema.

—Olvida ya esa estúpida fijación infantil por mi hermano. Hace unos meses pensaba que podíais llegar a consumar vuestro amor. Hoy estoy seguro de que es imposible. E inútil cualquier nuevo paso que des en ese sentido.

—Eso ya lo veremos —contestó la baronesa apurando la copa de Chartreuse *jaune* y levantándose al ver acercarse a su marido, en cuanto estaba ya a punto de comenzar la sexta carrera—: ¿Te sientas con nosotros?

—No, gracias, discúlpame. Estoy con los Kleiser.

—Sé que estás solo. Pero, en fin, si lo prefieres... No soportas a Alberto, ¿no?, a pesar de vuestras afinidades.

—Precisamente por eso, querida —respondió José María Carvajal tras dar un beso a su sobrina para echar luego a andar hacia la tribuna, donde acababa de llegar, con una hora de retraso, para presidir las carreras el gobernador militar de la plaza.

* * *

Obligado por el Cabildo de la catedral a realizar unas gestiones burocráticas con la Hermandad de la Santa Caridad, el canónigo lectoral, manteo al brazo y canoa en la mano, como de costumbre, ágil el paso, aromada con lavanda inglesa su sotana de entretiempo de lana merina, alto como siempre el alzacuello —lo que le hacía parecer un pastor anglicano, de no llevar hábito talar—, salió de la casa canonical para dirigirse, tras cruzar el arco del Postigo del aceite y el antiguo Almirantazgo, a la calle Temprado donde, con su airosa espadaña y sus azulejos holandeses decorando la fachada, su jardincillo y su barroca reja, se alza el Hospital de la Caridad fundado por don Miguel de Mañara y Vicentelo de Leca, el venerable siervo de Dios que inspirara las mejores versiones del *don Juan* y figura por la que Pablo Carvajal sentía desde joven gran admiración, aunque con los años terminara siendo probablemente su antítesis.

Recordó el canónigo la leyenda de la conversión del caballero *venticuatro* en el momento en que dejaba a su derecha, antes de penetrar en el hospital, la rosaleda que circundaba la estatua en bronce del venerable en los jardines fronteros a la Real Maestranza de Artillería, una rosa blanca por cada virgo desflorado en los años de juventud: Caminando al alba, tras una noche de ilícitos amores, por la calle de la Muerte en el barrio de Santa Cruz —cuenta la tradición—, Miguel de Mañara se topó con unos encapuchados que llevaban a hombros un ataúd. Extrañado de que a tan temprana hora se celebrara un entierro, el caballero *venticuatro* preguntó a uno de los componentes de la comitiva quién era el difunto. Bajando al suelo el féretro, lo abrieron, y don Miguel de Mañara, cual en un espejo, se contempló a sí mismo con angustia y estupor dentro de la caja. Como podéis comprobar —le dijeron— vos sois el muerto, señor. Cayó *don*

Juan a tierra, como el apóstol Pablo, fulminado por un rayo, y, al recuperarse, comprendiendo que era un aviso celestial, tras hacer penitencia por su vida pasada, decidió consagrar su existencia a la caridad fundando el hospital de pobres.

Todo lo contrario a la leyenda de Mañara podía terminar siendo mi vida —pensó el canónigo lectoral y, penetrando en el hospital, se dirigió a la iglesia para rezar al Santísimo expuesto, tras un acto de contrición, el *Yo pecador*, terminado el cual se encaminó por fin a la administración para realizar las gestiones que le había encomendado el Cabildo.

Obsesionado por la muerte, una vez terminado su trabajo, Pablo Carvajal volvió a entrar en la iglesia donde había comenzado a decirse la misa de diez en el altar mayor. A pesar de haber celebrado ya él, a primera hora de la mañana, en la capilla de la Virgen de la Cinta de la catedral, se postró de rodillas en un banco de las últimas filas entre los dos lienzos de las postrimerías de Valdés Leal, el más temperamental de los pintores de su época, amable a veces, fuertemente dramático siempre y arrebatado hasta perder en ocasiones el dominio de la sabiduría, como él mismo.

Tras la consagración, cuando se encontraba en los momentos de máximo recogimiento, las suaves yemas de unos dedos femeninos acariciaron su hombro izquierdo, a los que se unieron el inconfundible olor del perfume francés de Carlota Rosillo. El momento no podía ser más inoportuno. Sin embargo, oportuno pareció ser, paradójicamente, porque en los ojos del canónigo lectoral se encendió una llama y, levantándose del banco tras una genuflexión, se dirigió al compás de entrada del hospital seguido a unos metros de distancia de su sobrina. Ya en él, se detuvo entre dos rosetones de mármol rosa y gris, como la escalera del palacio arzobispal, siendo la baronesa la que abrió un diálogo que duraría casi media hora mientras paseaban —él abstraído con las manos a la espalda y ella descocada, casi procaz, en sus ademanes y palabras— por los corredores del claustro donde, a intervalos, discurría una camilla con un enfermo o un inválido empujada por una hermana de la Caridad con la toca almidonada y el rosario de cuentas de semilla de algarroba colgado de la cintura.

—Supongo que no te habrá incomodado mi presencia en la iglesia.

—Tu presencia en la iglesia no puede incomodarme nunca, como has de suponer.

—Pero sí el haberte sacado de tu abstracción. ¿En qué pensabas? ¿En mí, acaso?

—Carlota, por favor.

—He venido a la iglesia porque me dijeron en el Cabildo que te encontrabas en el hospital. ¿Comprendes?

—¿Cómo había de comprender?

—Pablo, te quiero.

—Por favor, Carlota, te lo pido por los clavos de Cristo, cállate.

—No te preocupes. Es la última vez que nos van a ver juntos.

—...

—La última, sí, mi amor. A partir de ahora nos veremos a solas. Y nadie podrá murmurar, como hasta ahora, de nuestra posible relación, que es lo que te preocupa, la gente y, por supuesto, la jerarquía eclesiástica.

—No te consiento que hables así. Me preocupa mi conciencia, mi responsabilidad moral como sacerdote. Quizá si no estuvieras casada las cosas cambiarían.

—¿Casada? Es un decir, ¿no? Ya sabes que mi matrimonio no fue prácticamente consumado.

—¿Por qué no solicitaste la anulación?

—Hubiera sido un escándalo superior al del adulterio.

—Pero tú sabes que el matrimonio es un sacramento como el sacerdocio, como la comunión, como el bautismo...

—No existe ese sacramento si no existe el amor.

—Abordas un verdadero problema teológico que estás incapacitada para analizar.

—¡Vaya! Me alegra esta discusión. Sólo los enamorados discuten.

—Calla.

—No callaré porque estoy desesperada en mi soledad. Tomé anoche una determinación y no me voy a volver atrás. Me he decidido por la sinceridad por un lado y por la discreción por otro.

—¿Qué maquinas? ¿Cuáles son tus proyectos?

—De momento, que hagamos un viaje juntos, o, mejor dicho, por separado; pero concertando previamente una cita fuera de este turbio ambiente en el que me siento cada día más desdichada.

—¿Qué dices? ¿Una cita?

—Una cita, sí.

Mientras caminaba al lado de su sobrina —vestida y maquillada como una estrella del cinematógrafo norteamericano que en tan contadas ocasiones tuviera él oportunidad de ver al estarle prohibida la asistencia a las salas de proyección—, Pablo Carvajal sintió estallar su alma en mil pedazos. Las pulsaciones de su corazón subieron hasta el grado de que la taquicardia encendió sus mejillas mientras sus manos comenzaron a temblar como las de un azogado.

—¿Dónde? —preguntó.

—Después de darle mil vueltas en la cabeza me he decidido por Granada, a pesar de que, naturalmente, en un principio pensé que el sitio ideal era Madrid. Aprovecharé, como si nos fuéramos a casar, el momento justo para que no me traicionen los *ingleses*.

—¿Los ingleses?

—Sí, tonto, me refería a la regla. Es una frase francesa que creí que conocías. Claro que, de todas formas, me gustaría tener un hijo tuyo.

—Carlota, por Dios. Si continúas hablando así me obligarás a dejarte plantada.

—No lo harás, estoy segura. Ya no lo harás. Voy a concretarte el plan. Es perfecto.

—Estás loca.

—Esta vez me vas a escuchar hasta el final, y si te niegas a hacerlo comenzaré a gritar como esa loca que dices que soy.

—Modérate, por favor —cortó el canónigo lectoral temiéndose un escándalo, pero, en el fondo, más feliz que enojado en cuanto la baronesa había abierto unos caminos insospechados para él. Sintió ganas de abrazarla bajo el arco de medio punto, decorado con una cruz latina roja y negra, símbolo de la Hermandad de la Caridad, pero se contuvo y continuó caminando a su lado.

—Lo peor son las terribles comunicaciones que tenemos con Granada, pese al plan de obras públicas del Directorio. Sin embargo, merece la pena.

—Granada, en el fondo, es también un pueblo. No creo que sea el lugar más indicado —interrumpió Pablo, gracias a cuya inesperada actitud de aceptar la cita, aun discutiendo el lugar, supo Carlota que tenía ganada la partida.

—Eso no ha de preocuparnos. Nos hospedaremos en el Alhambra Palace y, por supuesto, en habitaciones separadas dentro de un mismo piso. Allí no nos tropezaremos más que con extranjeros.

—Pero yo no puedo moverme de Sevilla. Me encuentro atado a esta ciudad por mis obligaciones.

—Ya encontraremos un pretexto para solicitar una licencia durante una semana.

—Que me tendría que conceder el señor cardenal.

—Pero es algo que no puede negarte si inventas una razón convincente.

—Al doble pecado de romper mi voto y al del adulterio, ¿quieres ahora que sume el de la mentira?

—Tú sabes que estamos obligados a mentir continuamente. Al fin y al cabo, no es más que una fórmula social de la que nos es imposible sustraernos.

Restricción mental —pensó Pablo recordando la jesuítica manera de eludir la verdad. Inevitablemente, siempre verdades a medias para lograr la convivencia social, pero no dijo nada, limitándose a preguntar:

—¿Qué pretexto podría poner?

—Miles. Cualquiera puede valerte. Por ejemplo, que tienes que desplazarte a Madrid para un asunto de Estado; que te han llamado del Directorio.

—Doble mentira. ¿Cómo mezclar la política con la religión y con los problemas personales?

—¡Eres como un niño! Claro que si no lo fueras no te adoraría como te adoro.

—Carlota, por favor, cállate y no profanes la palabra adoración. Además, no es el momento más oportuno para esas demostraciones que me parten el alma.

—Dime sólo al menos que me quieres también.

—Sí, te quiero.

—Necesitaba oírlo de tus labios. Has cambiado mi vida. Has hecho desaparecer con sólo tres palabras mi melancolía y mi desesperación.

A punto del abrazo en mitad del claustro, ambos se contuvieron sin embargo, aunque los dos perdieran el color escalofriados por la atracción mutua. Se limitaron a rozarse las manos.

—Ahora debemos separarnos —dijo Pablo—, he de volver al Cabildo.

—Sí, tienes razón —contestó Carlota, satisfecha de haber conquistado la fortaleza tanto tiempo sitiada. El primer paso había sido dado. Preparar el viaje, cada cual por su lado, por supuesto, era ya algo accesorio que personalmente se encargaría de planificar en los próximos días. Ya tenía al menos un objetivo en el que proyectar su vida. Habían cantado los dos, al unísono, el preludio de una sinfonía y el concierto estaba ya en marcha—. Te escribiré un *billete* cada día para tenerte al corriente de los pasos que vaya dando. Entretanto, pide audiencia al señor cardenal y solicita el permiso de ausencia. Dile que no sabes aún, sin embargo, el día fijo en que te verás obligado a trasladarte a Madrid para ser recibido por el marqués de Estella, pero que será en este mes y que marcharás la víspera del día que te indiquen.

—¿No te parece prematuro?

—No —contestó Carlota tras besar la mano de su tío en el momento mismo en que una hermana de la

Caridad pasaba ante ellos, llevando en las manos una bandeja con gasas y algodones, para que el canónigo lectoral se viera obligado a aceptar el gesto no sólo natural sino obligado tratándose de una dama y un sacerdote. Luego se calzó los guantes y se dirigió al compás de la iglesia con su paso vacilante de hembra encharcada en su prenda más íntima, dejando a Pablo inmóvil, bajo una arcada neoclásica ribeteada de añil, extasiado en la contemplación de su silueta de madona florentina, perplejo aún ante el suceso que no acababa de creer, como si la entrevista formara parte de sus sueños no de una realidad tangible pese a haber acariciado la suavidad judaica de la piel de sus manos ardientes como un nido de palomas, mientras trinaban los pájaros canoros en los limoneros, los cipreses y los magnolios del patio y en las campanas de la espadaña tocaban con su voz de plata la hora del Ángelus.

Olía a acantos, a geráneos y a crisantemos recién regados —flor de muerte del fúnebre noviembre que transcurría en soleados y cálidos días, casi primaverales—, a yodo, a formol y a hirviente aceite de la lamparilla del sagrario que trasminaba desde la iglesia del hospital donde el fantasma de Miguel de Mañara —diestro espadachín— luchaba, en inútil duelo por salvar el alma del canónigo lectoral, con un grupo de pequeños diablos que habían escapado de la sillería del coro para ayudar a la baronesa de Halora a conseguir sus propósitos.

* * *

Blanca y Lucía, vestidas de luto ya menos riguroso, con el pudor y la discreción que las caracterizaba, se dirigieron desde el palacete de la calle Aire a la parroquia de Santa Cruz tan sofocadas que, ya en el templo, hubieron de sacar sus pañuelos de batista para abanicarse haciendo tremolar las blondas de seda negra con las que cubrían sus cabezas y que, dentro de su sobriedad, le daban un aspecto sorprendentemente juvenil a pesar de que, como vírgenes sin riego, sus rostros comenzaran a ajarse en patas de gallos, doradas pelusillas sobre el labio superior y rancio olor soltero, que no era capaz de hacer desaparecer la fragancia de la colonia alemana que invariablemente usaban.

En esta guisa y con su preciso talante, a la vez tímido y autoritario, fruto por un lado de una genética debida a la reposada y cómoda vida de sus ascendientes y, por otro, al de su educación de pensionado, las dos hermanas ofrecían un aspecto más del septentrión que del mediodía, lo que no excluía que su sangre les corriera aprisa por las venas, como hijas legítimas del milenario Sur.

El problema que ambas intentaban abordar y discutir se ceñía estrictamente a una situación, creada en las últimas semanas, que ninguna de las dos estaba dispuesta a aceptar: la *liberalización* de la Catequesis al haber admitido el nuevo párroco, recién nombrado, en el consejo de la Doctrina a algunas jóvenes procedentes de la clase media, hijas de pequeños comerciantes y artesanos que advirtieron que la parroquia era el único trampolín factible de utilizar para trepar en la escala social no limitando ya su asistencia como hasta ahora a misas, triduos, novenas y manifiestos, sino intentando, a través de la catequesis, un acercamiento a las clases superiores que monopolizaban el ámbito parroquial. En el fondo, seguía la misma táctica de sus padres al hacerse hermanos de las cofradías de penitencia de la Semana Santa: buscar nuevas relaciones y hacer *amigos*.

El párroco, que terminaba de oficiar la misa mayor de las once de la mañana, hizo pasar a las dos hermanas a su pequeño despacho, donde se amontonaban en los carcomidos anaqueles los infolios de los registros de bautismos, casamientos y defunciones.

—Sentarse —rogó el ministro utilizando uno de los más genuinos giros andaluces.

—Lo que venimos a decirle lo podemos tratar de pie —dijo Lucía llevando, como siempre, la voz cantante.

—Por favor, señoritas, tengan la amabilidad de tomar asiento. Si no me obligarán a permanecer también de pie.

—Perdone, padre —se disculpó Blanca—. Vamos, Lucía, siéntate.

Hierática, con las manos cruzadas sobre sus respectivos bolsos de piel de Rusia, las dos hermanas se acomodaron en las sillas de enea, al otro lado de la mesa de sanantonio con velón aceitero, escribanía de talco, carpeta de hule y libros piadosos, presidida por el joven párroco.

—Ustedes dirán qué desean a tan inoportuna hora.

—¿Inoportuna? La parroquia debe estar abierta a cualquiera para atender a sus feligreses, máxime teniendo en cuenta quiénes somos —rugió Lucía.

—En una comunidad cristiana no existen jerarquías.

—¿Usted cree, padre? Siendo así el próximo año nos limitaremos a pagar las bulas de Cuaresma. No espere de nuestra Casa un solo céntimo más.

El párroco estuvo a punto de levantarse y dar por terminada la entrevista, pero se contuvo, limitándose a sonreír, para terminar contestando:

—En fin, eso es cosa de ustedes. No puedo entrar en ese problema. ¿Quieren decirme a qué han venido?

—¿Sabe que somos hermanas del canónigo lectoral?

—Sí, claro.

—¿E hijas del conde de Carrión de los Molinos?

—Por supuesto. Y también conozco su piedad, su fervor, su entrega al prójimo...

—Gracias, padre —contestó Blanca.

—Olvidemos este pequeño incidente y cuéntenme cuál es el problema que, naturalmente, imagino.

—¿Imagina?

—Sí, en cuanto el señor cardenal me ha puesto en antecedente al haberle llegado noticias de la censura de que soy objeto, por otro lado de dominio público, al haber nombrado para formar parte del consejo de la Doctrina una maestra nacional, una practicante, una matrona y una modista de la feligresía, personas de gran religiosidad que quieren colaborar en catequizar los corrales y las casas de vecindad de una parroquia tan heterogénea como ésta, ya que comprende no sólo calles más o menos señoriales sino callejones donde se hacinan, en tristes cubículos sin ventilación, cientos de humildes familias.

Blanca y Lucía se quedaron tan sorprendidas que no fueron capaces, como en tantas otras ocasiones en que se confabularan juntas, de cruzar sus miradas llenas de sobrentendidos, ante la burlona sonrisa del joven párroco que sabía que, con sus palabras, había cortado en seco una situación que no podía continuar, a pesar de la Dictadura, en cuanto los tiempos estaban cambiando y era preciso acercar a la iglesia unas clases populares que, aunque aún no habían comenzado a amalgamarse hasta llegar —como harían cinco años más tarde— a un clima revolucionario, empezaban a dar inequívocas señales de rebeldía y de desasosiego.

—Comprendan, señoritas, que es necesario ser consecuentes y aceptar sin protestas la nueva situación que comienza a configurarse. Por otro lado, todos somos hijos de Cristo y su actitud, a pesar de la reconocida piedad de ambas, entra en flagrante contradicción con los Evangelios.

* * *

En el tablao flamenco de la antigua venta del Camarón, en la cava de los gitanos de Triana, contigua a la de los civiles, ahora *colmao* de día y lupanar de noche y madrugada, los cantaores y tocaores, calós unos, payos otros, templadas las gargantas y las guitarras con aguardiente de Rute y rasgueos de uñas a medio luto; gorrillas terciadas, pañuelos de lunares, rayadas camisas sin cuello con pasadorcitos de nácar en las tirillas, ceñidos pantalones, botas corinto y sombreros *d'alancha* la discutible varonía, y, vestidos de algodón, claveles en el pelo, zapatos de trabillas y mantoncillos de fleco las bravías hembras de rompe y rasga y las jóvenes debutantes del elenco, iniciaron, por fin, el espectáculo con un repique de palmas por bulerías.

El conde de Carrión de los Molinos entró acompañado por Eusebio, su mayordomo, y se dirigió a la mesa que tenía reservada en la penumbra, al fondo del salón, tras haber terminado de cenar media hora antes en el Pasaje de Oriente, el único restaurante francés de la ciudad del Betis.

—¿Qué desea beber el señor? —le preguntó Eusebio tras encenderle el Montecristo que sacara de su petaca de ámbar y piel de cerdo José María Carvajal y Zúñiga.

—*Champagne* de la Viuda.

—No creo que aquí lo tengan, señor.

—Pues que vayan a comprarlo.

—A esta hora es imposible encontrar nada abierto.

—En el *casinillo*, en La Fiambrera, lo tienen. Ofrécele los servicios de nuestro auto para que vayan por él. Díselo a Antoñito, el dueño. Y si no, al Círculo y que pidan un par de botellas en el ambigú, en mi nombre. Aunque, cómo no va a ver *champagne* francés en La Fiambrera si don Miguel Primo de Rivera tiene dicho en la casa que no falte nunca ningún tipo de bebida ni nacional ni foránea, no ya por él, que bebe sólo jerez, sino por las extranjeras que, a veces, le acompañan a tomar una copa en el *casinillo* cuando se encuentra en Sevilla.

—¿Extranjeras? —se extrañó Eusebio—. En Sevilla, señor conde, el marqués de Estella es siempre fiel a su amante, esa linda muchacha llamada *La Caoba*.

—Linda, sí, pero bastante zorra. ¿Sabes que la detuvieron hace un par de días complicada en un tráfico de drogas y que don Miguel tuvo que dar orden de que la soltaran, lo cual indignó, como es natural, al jefe superior de Policía?

—Lo ignoraba, señor conde. Y, ahora, disculpe. Voy a hablar con Antoñito a ver si tenemos suerte y hay en la casa *champagne*.

En el momento en que el mayordomo se dirigía a la *administración,* una mesa de cocina rodeada de biombos y cañizos, situada a la derecha del tablao, cambiaron las tornas del espectáculo. Las iniciales bulerías se transformaron en soleares, seguirillas, tarantas y marianas. Una figura del elenco —simple acompañante de coro y palmas—, aceitunada joven de pelo de azabache, pequeño busto y piernas torneadas, llamó poderosamente la atención del conde y, cuando regresó Eusebio con la buena noticia de que no era necesario mandar por *champagne* ya que había un par de cajas en la casa y habían puesto a enfriar la primera botella, José María Carvajal y Zúñiga le ordenó que hablara con Margot, la amante del dueño —francesa llegada a Sevilla en el transcurso de la Gran Guerra y que, tras permanecer unos años como pupila del burdel La Madrid, fue *redimida* por Antoñito Hinojosa— para que le concertara una cita en el reservado con la joven beldad, de quince años, posiblemente aún ni siquiera cumplidos.

Tras servir personalmente el *champagne* a su señor, Eusebio se dirigió a la barra del bar atendida por la *madame,* como era llamada Margot, pura caricatura de sí misma, que lo recibió con una colilla de cigarrillo liado a mano entre los dientes. Tras expresarle los deseos del conde, la *madame* arrojó la colilla, se puso en jarra, se bebió de un trago el resto de la copa de Anís del Mono que se hallaba ante ella en el mostrador, y contestó:

—Dígale al señor conde que elija a otra señorita

del elenco, que esa *petite fille* es mía, que la quiero *comme la prunelle de mes yeux* y que no la comparto con ningún tío, aunque ofreciera cien duros por pasar con ella al reservado.

CAPÍTULO SÉPTIMO

Capea y fiesta campera en el cortijo El Quarto en honor de lord Glenisla. La baronesa de Halora aparece en el cortijo vestida de amazona. Tras una solicitud previa de audiencia, que le fuera concedida, el canónigo lectoral visita al cardenal-arzobispo. El joven lord Glenisla —Robert Swinborne— y José María Carvajal recorren juntos los jardines del Alcázar. La marquesa de Valverde de los Caballeros visita a su primo Pablo para contarle sus desamores.

EN EFECTO, cada ser lleva en sí el germen de su propia contradicción, pero ninguna referencia hace a las mías, tan frecuentes —se dijo José María Carvajal y Ximénez Enciso dejando sobre la mesilla de noche un pedestre ensayo sobre la filosofía de Hegel, que se encontraba leyendo desde que se despertara a las siete de la mañana, y saltando de la cama estilo imperio para ponerse una bata de cachemira y dirigirse al cuarto de baño en el momento en que, desde el comedor de invierno, llegaba al segundo piso del palacete de la calle Aire las campanadas del reloj de péndulo que dieran, con su metálica solemnidad, las diez de la mañana.

Tras afeitarse y ducharse en el modesto chorro de agua templada que proporcionaba a la tina la hornilla económica de la cocina, alimentada con carbón de *cok*, y frotar su peludo pecho con colonia alemana de la misma marca que utilizaran sus hermanas, José María Carvajal regresó a su alcoba y solicitó, por el teléfono interior de trompetilla, del mayordomo de su padre, que le trajera el traje sport de color verde napoleón que utilizaría para asistir a la fiesta campera que se celebraría aquel mediodía en el cortijo de *El Quarto* en honor de lord Glenisla, llegado a Sevilla cinco días atrás, trayendo carta de presentación para el presidente de la Diputación del ministro de Hacienda británico Winston Churchill.

Tras un ligero desayuno, José María Carvajal pidió a Eusebio que llamara por teléfono a la parada de taxis de Santa María la Blanca para que un coche fuera a recogerle.

—¿No prefiere que le lleve el auto de la Casa, señorito?

—No, Eusebio, gracias. Esa vieja antigualla es una reliquia que está bien sólo para pasear al señor, pero no a su primogénito.

—¿Por qué no compra el señorito un coche más pequeño y lo maneja personalmente? El señorito es un excelente conductor.

—Sólo cuando no bebo, Eusebio; pero es difícil saber cuándo voy a hacerlo y cuándo no. ¿Comprendes?

—Comprendo, señorito.

—No obstante, pensándolo bien, y en vista de que quizá sea de las pocas personas entre los invitados que habla inglés, y dadas las especiales circunstancias que concurren de mi asistencia a una fiesta dada en honor de un joven lord inglés, merece la pena que utilice hoy la *carroza* con blasón en las portezuelas, única forma que tengo de exteriorizar mi ascendencia, que me importa, sin embargo, un ardite —contestó José María Carvajal pensando que, a lo mejor, lord Glenisla no era sólo un joven sino también un apuesto y tolerante efebo, con el que como algunos guardiamarinas ingleses que había conocido en las escalas de pequeñas unidades de la escuadra británica al puerto fluvial, pudiera intimar.

—¿Aviso entonces a Rafael, para que tenga listo el auto?

—Sí, Eusebio, avísale. Es de esperar que mi padre no lo necesite hoy.

—No, señorito, el señor conde no lo precisa. Salió esta mañana a primera hora en la berlina para asistir al entierro.

—¿Cómo? ¿Quién ha muerto, Eusebio?

—¿No lo sabe?

—No he leído aún el periódico.

—El señor marqués de San Lázaro, que en paz descanse.

—¡Un título pontificio!

—Sí, señorito, pero es hermano de la Caridad.

—Que en paz descanse, sí, ese pájaro de mal agüero. Te ruego no me lo nombres. Tuve con él una trifulca en la Venta de Eritaña hace un par de años y terminamos en la comisaría. ¡El muy bellaco!

Eusebio, con la discreción que le caracterizaba, se limitó a callar, lo cual no le impidió pensar que el marqués de San Lázaro, con arruinado palacete en la Alameda de Hércules, situado junto a la antigua casa de la Inquisición, era probablemente también muy *sin-*

gular, lo cual no implicaba por su parte ninguna censura ya que dos de sus cuatro hermanos, servidores ambos de casas principales de la ciudad jugaban indistintamente —como perfectos lacayos que eran— a los dos paños, imprescindible donaire para ser un buen criado; gracioso don que, sin embargo, él no poseía.

* * *

La tribuna y los tendidos de sombra de la recién encalada placita de toros del cortijo *El Quarto* —de color almagra su barrera y sus burladeros, amarillo ocre el ruedo gracias al albero tornasolado bajo el tibio sol de otoño— se encontraban ya ocupados en su totalidad por damas y damiselas tocadas con peinetas y mantillas, con los mantones de manila cubriendo las barandillas de las contrabarreras donde se hallaban sentadas, y alegres caballeros y despreocupados jóvenes de la alta sociedad, lo que no excluía la presencia de tenientes de alcalde, concejales e *intrusos* invitados por la Diputación y el Ayuntamiento, cuando José María Carvajal y Ximénez Enciso, con un cigarrillo americano entre los labios y un bastón de campo colgado del brazo izquierdo, se situó en los solitarios tendidos de sol queriendo demostrar quizá a los demás que el lugar que ocupara era indiferente y que «uno honra al sitio y no el sitio a uno», como habitualmente pensaba desde el binomio de su arrogancia y su sentido de lo popular, a partes iguales.

En honor del joven lord, antes de iniciarse el paseíllo de la becerrada, en la que intervendrían, vestidos de trajes cortos, dos novilleros, un rejoneador sobre caracoleantes jacas marismeñas, y hasta una docena de aficionados e hijos de ganaderos que cumplirían las funciones de peones y banderilleros, el batallón de Transmisiones del Regimiento de Ingenieros Xauen 7 dio suelta a una bandada de palomas mensajeras que se perdieron en el azul, hacia el sureste, camino posiblemente de las guarniciones de Marruecos.

Lord Glenisla —rubio querubín como desde el momento en que lo descubriera le calificara José María Carvajal—, ausente y abstraído, más pendiente de los meandros del río Guadalquivir que rubricaba entre pelados álamos el horizonte de la llanura y por donde navegaba casualmente un carguero de bandera inglesa, que del redondel donde se iniciaran ya las faenas de capa, presidía el palco de honor situado entre el presidente de la Diputación vestido de chaqué y su esposa, forzuda dama de casi cien kilos de peso, en traje largo, mantilla blanca, dije con cinta rosa en el cuello y collares de perlas cayéndole sobre el escote.

Tras las banderillas y la faena de muleta, cuando el espada se disponía a entrar a matar, el joven lord, vestido con una *bleizer*, un pantalón blanco de franela y un pañuelo anudado al cuello, bajo una camisa de seda con reflejos color malva, se levantó del asiento que ocupaba y, tras sonreír cortésmente a sus anfitriones, abandonó la plaza para comenzar a pasear con las manos en la espalda por los jardincillos contiguos al pequeño anfiteatro; crucial momento que aprovechó José María Carvajal para abandonar el coso y dirigirse directamente a él, a pesar de no haber sido presentados, tras imaginar que el joven lord se había escabullido para no contemplar la sangre brotando a chorro del morrillo del becerro.

—Disculpe, *sire*, que me dirija a usted sin que previamente nos conozcamos —dijo en pésimo inglés.

—¿Y quién es usted? —preguntó en perfecto castellano lord Glenisla, ausente, perdida ahora la mirada en las punteras de sus zapatos de suela de crepé, con un gesto entre tímido y despectivo.

—El primogénito del conde de Carrión de los Molinos —respondió José María Carvajal, irguiéndose.

—¿Y puede saberse qué es lo que desea?

José María Carvajal se quedó tan asombrado con la pregunta, que no supo, en un principio, qué contestar. No obstante, se repuso de la sorpresa y dijo subiendo el tono de la voz:

—Decirle simplemente que si usted no acepta nuestra fiesta nacional, como al parecer quiere demostrarnos, durante mi estancia en el Reino Unido yo no pude soportar tampoco las jaurías persiguiendo a los desdichados zorros por los bosques y prados de la... de Albión.

A continuación, se volvió de espalda y echó a andar para dejar al joven Robert Swinborne tan sorprendido como él lo estuviera unos instantes antes, lo que no impidió, sin embargo, que esta vez su reacción —quizá arrepentido de su anterior insolencia— fuera la de elegir el camino de la reconciliación valiéndose de la única fórmula que podía utilizar ante una situación de la que se sentía el único culpable:

—No se marche, escuche y perdone: Si usted no acepta la cacería del zorro yo tampoco la acepto, a pesar de ser británico.

A punto de seguir caminando, la suave y persuasiva voz unida a su subconsciente masoquismo, hizo que

José María Carvajal se detuviera sonriente y, volviéndose hacia el joven lord, exclamara:

—¡Ni yo tampoco la corrida!

—En tal caso eso cambia las cosas —dijo Robert Swinborne ofreciéndole la mano en el momento en que ambos se volvieran, de nuevo sorprendidos, ante una risa femenina que oyeran a su espalda, tras un arco de tullas coronado de fragantes rosas pese a lo avanzado de la estación otoñal. Ante ellos —vestida de amazona, *coronada* también con un pañuelo bandolero y un catite de terciopelo rojo, de chaquetilla corta, falda hasta mitad de los botos camperos de becerro vuelto ribeteados de pespuntes, en una mano la fusta y en la otra un recién cortado ramito de jazmines celestes— la baronesa de Halora, estallante de alegría, ruborizada aún por las tres copas de coñac que tomara antes de salir de su casa, abrió los brazos para abrazar a los dos, ignorando —pues no lo conocía— que su tío se encontraba precisamente con el homenajeado joven lord.

No obstante su flema británica, la fantasmal aparición de Carlota, unida a su distinción, su espontaneidad y su belleza, prendió la definitiva chispa de comunicación afectiva que tanto echara de menos desde su llegada a Sevilla el joven aristócrata, por lo que, olvidando sus prejuicios frente a la sangre, tomado desde su brazo derecho por la baronesa, mientras con el izquierdo se enlazaba al de su tío José María, se dejó conducir de nuevo a la placita para, en vez de sentarse esta vez en la tribuna de honor, hacerlo frente a ella, en el tendido de sol, acompañado de sus nuevos amigos.

Se lanceaba ahora ya en el ruedo el último becerro

151

para dar entrada en él al rejoneador, jinete sobre una jaca isabelina, vestido a la federica y tocado con un sombrero de candil, prendida en su copa una pluma multicolor.

Una vez terminada la becerrada y la posterior capea, en la que se soltara una vaquilla ante la que contados fueran los invitados que no salieran al ruedo a dar unos lances, a los que naturalmente se negara el joven lord —sólo pendiente de la baronesa y de su tío— y, por supuesto, José María, Carlota Rosillo solicitó del rejoneador, hijo de un ganadero de Carmona, que le dejara montar en el picadero una de sus dos yeguas, la gateada. Consintió de malas ganas el torero a caballo, y la baronesa, subiéndose la falda a medio muslo y montando la jaca a la jineta por la imposibilidad, ante la falta de silla adecuada, de hacerlo a la amazona, se lució ante Robert Swinborne con corbetas de alta escuela que le arrancó parabienes y aplausos.

A continuación, acudieron por fin los tres, unidos ya por un sutil hilo de afinidades, al *buffet*, viéndose obligados en él José María y Carlota a poner de nuevo al joven lord en manos del presidente de la Diputación y de su esposa, que comenzaron a presentarle a los más significados invitados, bien en razón de su nobleza o de sus cargos políticos.

Una vez solos en un extremo del *buffet* formado por dos largas mesas en forma de ele, José María Carvajal rogó a su sobrina que no tomara ni una copa sola preguntándole además cómo se le había ocurrido llegar a la fiesta vestida de amazona sabiendo que ni había caballos para montar en el cortijo y menos aún sillas a propósito de sus atalajes.

—Pues precisamente por eso. Si no, no lo hubiera hecho, te lo aseguro.

—Lo creo. Por llamar la atención eres capaz de todo.

—¡Tengo a quien salir!

—Carlota, verdaderamente eres tremenda; pero me alegra verte tan animada. ¿Tienes realmente motivos para estarlo?

—Los tengo.

—Ya me los confiarás, ¿no?

—*La confiaza* —contestó Carlota cantando a media voz— *no está en los hombres ni en las mujeres, que está en las ramas de los laureles.*

—Déjate de folklore foráneo y de salirte por la tangente y dime cómo te van las cosas.

—¿Con quién?

—¿Con quién iba a ser? Con Pablo.

—Ah, eso es algo para mí definitivamente olvidado —contestó la baronesa intuyendo, tras la última conversación sobre el tema sostenida con él, que algo sutil, y que ella ignoraba, había ocurrido entre los dos hermanos; de manera que prefirió silenciar cualquier dato que pudiera inspirar la menor sospecha del no sólo proyectado viaje sino planificado ya en todos sus detalles, desde los medios de comunicación a utilizar al hospedaje en el hotel Alhambra Palace, las plazas ya reservadas, así como el día de la partida, que tendría lugar seis días más tarde, exactamente el lunes siguiente.

—Entonces, y a cambio por lo visto, has conseguido ya los favores de algún desconocido, pues tienes cara de satisfecha enamorada. ¿Por qué no me lo presentas?

—¡Quizá lo haga, querido! —exclamó Carlota, con una sonrisa, dejando al descubierto su blanca dentadura de lobezna para, a continuación, beberse de un solo trago un catavino de amontillado.

—Supongo que no habrás terminado liándote con el *dandy* de Alberto Gentile quien, según tengo entendido, tiene una bella amante aunque de bajísima extracción.

—¡Quién sabe!

—Ya veo que hablas en serio, al querer ocultar con tanto cuidado tus amores. ¿Con un hombre casado, quizá?

—Pudiera...

—Bueno, vamos a ver, Carlota, ¿qué es lo que te pasa? ¿He dejado de ser tu confidente?

—¡No!

—¿Entonces?

—Todo te lo estás inventando. Y ahora soy yo la que te pregunto. ¿Cómo se desenvuelve tu vida sentimental?

—Mal.

—Lo imaginé al llegar, o mejor dicho más tarde, cuando supe quién era, viéndote empeñado en levantar una pieza posiblemente inaccesible. ¿Acaso piensas que el joven Robert puede caer en las redes de tus indiscutibles encantos?

—Nunca se sabe. Por probar que no quede.

—Desde que Luisito Pacheco te dejó, o tú a él, cosa que ignoro, te veo llevar siempre la escopeta cargada.

—De ilusiones, que en ocasiones pueden transformarse en realidades —contestó José María tras haber advertido que el joven lord Glenisla, tras haber logrado escabullirse del mundo oficial que lo asediaba, se dirigía hacia ellos con una caña de manzanilla de Sanlúcar en la mano.

Tras darse cuenta también, Carlota dijo:

—Me marcho. Te dejo con él a solas.

Sin embargo, apenas separada ya unos metros de su tío, la baronesa comprobó con asombro que Robert Swinborne se dirigía a ella, no a él, por lo que se detuvo poniéndose a jugar con la fusta que llevara bajo la axila del brazo derecho, cual un oficial británico.

Forzando una sonrisa ante el desdén de que creía haber sido objeto, José María Carvajal, con la rapidez mental que lo caracterizaba para resolver siempre cualquier acontecimiento imprevisto, sugirió que fueran los tres juntos en su auto a almorzar a la Real Venta de Antequera, propuesta que aceptó el joven lord, pero a la que se negara Carlota pretextando que había quedado citada con su marido y que tenía que pasar antes por su casa para cambiarse.

Pese a que el joven Robert —que se encontraba ensimismado mirándola— se desilusionara ante su inesperada partida, se vio obligado a aceptar por cortesía la invitación, lo que no impidió, sin embargo, que propusiera a Carlota verse al día siguiente.

—¿En qué hotel te hospedas? —preguntó la baronesa.

—En el Inglaterra.

—Mañana por la mañana te llamaré por teléfono y te enviaré el auto para que vengas a almorzar a casa. A mi marido, al que le ha sido imposible venir hoy, le encantará conocerte.

—Espero tu llamada —respondió el joven lord besando la mano de Carlota que, tras una levísima y cortesana inclinación de cabeza, después de despedirse de su tío, echó a andar hacia su coche. Antes de dar media docena de pasos se volvió para decir, dirigiéndose a José María:

—No te he dicho la hora del almuerzo porque he dado por supuesto que te la sabes de memoria, sobre las dos, ya que habrás entendido, sin que tuviera que decírtelo, que tú también estás invitado. Si pensáis ir juntos, avísame para que no tenga que enviar a Robert el auto.

* * *

La audiencia solicitada cinco días atrás le fue concedida, por fin, al canónigo lectoral por su reverencia ilustrísima don Eustaquio Ilundain Esteban el jueves siete de noviembre. Recibió el prelado a Pablo Carvajal en su despacho, donde los lienzos de los discípulos de Cristo del Salón de los Apóstoles eran sustituidos por retratos al óleo de los arzobispos que habían pasado por la sede isidoriana en los últimos ciento cincuenta años, a los que se sumaban un San Jerónimo semidesnudo sobre una solitaria peña, una inmaculada de la escuela de Bartolomé Esteban Murillo, un gran tapiz del siglo XVII —Moisés y las Tablas de la Ley— que cubría el testero de la pared maestra, una virgencita policromada y unos jarrones con plateadas azucenas de talco dispuestos sobre un entreabierto armario de sacristía lleno de carpetas sujetas con cintas de algodón y un centenar de incunables.

Tras besar el anillo pastoral, Pablo Carvajal y Ximénez Enciso fue invitado a sentarse en un sillón, con espaldar y asiento de cuero repujado, al otro lado de la mesa atestada de papeles, exceptuando el lugar ocupado por un falso velón con pantalla de damasco rojo.

—Usted dirá, Carvajal, qué es lo que desea.

—¿No se lo dijo su *familiar*, ilustrísima?

—Sí, algo me contó; pero sin concretar. Por lo visto se ve usted obligado a marchar un día de éstos a Madrid.

—Así es, ilustrísima.

—¿Para realizar una gestión privada?

—Pública.

—¿Qué quiere decir? ¿Lo han llamado del Directorio? Supongo que me mostrará el oficio convocándole.

—No hubo oficio, eminencia. Me telefonearon de la Secretaría del general Primo de Rivera.

—¡Ah! ¡De algo muy reservado debe tratarse, seguramente!

—Lo ignoro.

—Bien. Siendo así tiene, por supuesto, mi autorización para ausentarse de la diócesis. ¿Cuántos días calcula que estará fuera de Sevilla?

—No lo sé. Hemos de suponer que pocos. Digamos una semana.

—Una semana se va volando. ¿Qué día tiene que estar usted en Madrid?

—Aún no lo sé. Me lo confirmarán.

—De acuerdo. No hay más que hablar. No sabía, Carvajal, que tuviera usted relaciones tan estrechas con el Directorio.

—Y no las tengo.

—Le aconsejo que sea muy prudente. Naturalmente, no me puedo inmiscuir en el aspecto digamos *político* de su vida privada. Claro que cualquier decisión que tome debe hacerlo a título personal; pero permítame una opinión, también personal por supuesto: la situación del Directorio comienza a ponerse difícil, por lo cual se verá obligado a solicitar la colaboración de los civiles, y, también, de los eclesiásticos. Como pastor de esta diócesis exijo de todas mis *ovejas* cautela y moderación.

—Agradezco su consejo. Seguiré al pie de la letra sus instrucciones —contestó el canónigo lectoral.

—No se trata de que siga al pie de la letra unas instrucciones que no le he dado sino que, como canónigo del Cabildo, me tenga al corriente del aspecto clerical de la cuestión que debata, si es que por ahí van los tiros. Y a propósito, Carvajal, aunque no es el momento más indicado para preguntárselo, quisiera que me dijese si logró superar definitivamente aquel desdichado problema personal. Ya sabe a qué me refiero.

Pablo Carvajal y Ximénez Enciso se sintió durante unos instantes confundido ante la pregunta, pensando que el cardenal-arzobispo, perfecto conocedor del alma humana, pudiera haber adivinado no sólo sus pensamientos, sino el proyecto de su viaje a Granada. Disimulando su ansiedad, contestó sin embargo:

—Definitivamente superado, ilustrísima.

—Pues no hablemos más del asunto y echemos un tupido velo, que aguas pasadas no mueven molino. Y, ahora, discúlpeme, pues una docena de personas esperan que les conceda audiencia esta mañana. ¡Feliz viaje!

—Muchas gracias, ilustrísima —contestó el canónigo lectoral besando el anillo del prelado para abandonar a continuación el despacho con su habitual paso mitad de corneja mitad de pavo real.

Tras el almuerzo en la Real Venta de Antequera, que transcurriera lleno de largos silencios —tan anglosajones—, lord Glenisla pidió a José María Carvajal que le devolviera al hotel donde, a las ocho de la tarde, pasarían a recogerlo para cenar en casa del alcalde, por el que había sido invitado a su palacete condal de la calle cardenal Cervantes, quedando citados el día siguiente a las diez de la mañana con el propósito de dar una vuelta por la ciudad antes de acudir juntos a la mansión de la baronesa de Halora.

A las diez menos cinco José María Carvajal se encontraba en el *hall* del hotel Inglaterra —adornado con viejos macetones de aspidistras y dalias, lienzos de la Sevilla romántica, cornucopias, abanicos pericones y panzudas cómodas, bandejas chinas, candelabros de cristal de la Granja, grabados cinegéticos ingleses de la caza del zorro— esperando que el joven lord bajara de la *suite* regia situada en el primer piso; lo que hizo a las diez en punto exactamente vestido con un ligero traje de franela gris de media tarde y una trinchera beige dejada caer negligentemente sobre los hombros; atuendo casualmente idéntico al de José María, incluyendo la corbata azul de punto de seda y los alfileres y gemelos, ambos de esmalte con las *armas* de sus respectivas Casas.

—¿Cómo pasaste la noche? —le preguntó José María tras darle la mano que el joven lord le ofreciera con cierta dejadez no desprovista sin embargo de afecto.

—Plagada de fantasmas —respondió Robert Swinborne.

—¿De qué tipo? —interrogó José María socarrón—, ¿de rejoneadores, bandoleros o contrabandistas?

—De amazonas —contestó el rubio lord—. El atractivo de tu sobrina Carlota me ha conmovido profundamente. Y he estado pensando en ella toda la noche.

—En efecto, es muy atractiva —respondió José María disimulando un remilgo de desdén y frunciendo los labios en un gesto de desencanto.

—Es una verdadera maravilla.

—Lo es. Pero no olvides que es una mujer casada.

—Eso no impide mi admiración por la belleza como tal, al margen de su estado. Has de suponer que ahí quedan mis intenciones.

—Lo daba por supuesto. ¿Cualquier belleza te conmueve? Veo que has estudiado en Oxford.

—No, perdona, en Cambridge, en el Corpus Christi College.

—Es igual, ¿no?

—Con ligeros matices. ¿Dónde vamos?

—¿Has desayunado?

—Lo hice en mi habitación.

—Pienso que no estaría mal que diéramos un paseo en coche de caballo por la ciudad. No he traído la berlina porque prefiero un *tiro* al descubierto y los charrés y landós se encuentran en nuestra hacienda del Aljarafe. Luego, visitaríamos los jardines del Alcázar.

—Ya he recorrido Sevilla: la catedral, el hospital de la Caridad, la iglesia de El Salvador, los Venerables, el palacio de San Telmo y, por supuesto, el Alcázar. Sin embargo, no me importaría visitar de nuevo esos jardines tan maravillosos antes de partir pasado mañana para Jerez, donde tengo parientes, vía Granada.

—Cómo. ¿Te marchas tan pronto?

—He de cumplir la agenda que tenía prevista. Naturalmente, la hubiera cambiado de conoceros antes a Carlota y a ti. Lo cual significa que la próxima primavera volveré a Sevilla.

—Tomo nota. Te hospedarás en casa. No es necesario que lo hagas en ningún hotel.

—Acepto su amable invitación. Encantado. Muchas gracias.

José María Calvajal tocó las palmas —gesto que sorprendió desfavorablemente a lord Glenisla que, por un momento, imaginó que se encontraba en un palacio hindú de Calcuta— para llamar a un botones, de la docena de ellos uniformados de rojo fuego que pululaban por el patio y el *hall*, para ordenarle que fuera a buscar un coche de caballo de la parada de punto situada sólo a veinte metros escasos del hotel.

—Mejor vamos andando —objetó el joven lord—, el Alcázar está sólo a unos pasos y prefiero caminar.

—Como quieras.

Y caminando salieron del hotel, sin cruzar en un principio una sola palabra hasta que alcanzaron las gradas de la catedral para cruzar el Patio de los Naranjos y acortar distancia.

—¿Dijiste que tenías parientes en Jerez? —preguntó José María.

—Lejanos, sí, pero, al parecer, los tengo.

—No me gusta Jerez. Y no te lo recomiendo.

—Deseo conocer las bodegas.

—Las bodegas pueden merecer la pena conocerlas, pero no a los bodegueros.

—Pero tú debes tener allí también parientes, o, al menos, amigos.

—Mi padre. Yo prefiero no tratarlos. Los jerezanos, y no me refiero al pueblo claro está, no tienen ni amigos ni enemigos, sino intereses. Perdona que te diga que Jerez es la ciudad más siniestra de España. Su mimetismo hacia todo lo británico, disculpa, me saca de quicio.

—Nosotros no tenemos la culpa de ser imitados. Si es que, como dices, realmente lo somos.

—Lo sois, sí. Y no os culpo a vosotros sino a ellos. Admiro sólo los originales y desprecio las copias —contestó José María Carvajal tomando del brazo a lord Glenisla, gesto que también sorprendió al joven Swinborne, dirigiéndose a la conserjería para mostrar a uno de los ujieres de plantón en la puerta del Patio de Banderas su cédula personal y un oficio adjunto en el que se hacía constar su primogenitura, lo que le autorizaba a penetrar en el recinto Real no cual un simple turista, sino como un aristócrata que podía elegir —si lo deseaba— un guía que, sin embargo, el heredero del conde de Carrión de los Molinos rehusó, conociendo como conocía de memoria los Reales Sitios, particularmente sus patios, sus artesonados, sus tapices, sus fuentes, sus glorietas y sus jardines.

Tras haber recorrido el Patio de las Muñecas, el de las Doncellas y el salón de Embajadores, lord Glenisla y José María Carvajal salieron a los jardines y se sentaron al sol en un banco de azulejo contiguo a la fontana de Catalina Ribera —la fundadora del Hospital de las Cinco Llagas— rodeada de naranjos, limoneros y arrayanes, musitando la fuente, zureando las palomas en los pretiles, trinando los jilgueros y cantando los ruiseñores en la fronda donde las campanillas ponían una cromática pincelada azul sobre el verde de la yedra reptante y las paredes encaladas del pabellón de Carlos V.

—También yo volveré a visitar el próximo año Inglaterra —dijo José María Carvajal a la vez que acercaba su rodilla izquierda a la pierna derecha del joven lord, que se quedó quieto, por lo que la presión comenzó a agudizarse, lo que hizo que Robert Swinborne exclamara finalmente, separándose con violencia del primogénito del conde de Carrión de los Molinos.

—Si tu sobrina Carlota se encontrara sentada aquí, entre los dos, yo admitiría encantado el juego que pretendes, siempre y cuando participáramos los tres y ella aceptara; pero entre nosotros dos no cabe la menor posibilidad de comunicar un deseo que yo no siento hacia ti en solitario. De manera que te ruego, por favor, que me dejes en paz. Esta tarde, sin embargo, podríamos pasarla los tres en mi habitación del hotel Inglaterra. ¿Qué te parece?

—Eso es imposible —contestó José María conteniendo su agresividad—. Las mujeres de mi Casa no se prestan a ese tipo de juego. No obstante, si lo deseas, podríamos irnos después del almuerzo al mejor burdel de la ciudad, elegir una puta, disfrazarla de Carlota y acostarnos los dos con ella. Sé que los disfraces es algo que a todos los anglosajones os fascina.

* * *

Abrumado por los múltiples problemas que el Cabildo le planteaba cada día con sus constantes censuras, críticas, intrigas, egoísmos y su absoluta ausencia de mínima tolerancia para enjuiciar cualquier detalle referidos no sólo al *culto* y *clero* sino a la vida en común del coro de la catedral metropolitana —como ya denunciara ciento veinte años antes el capellán Real José María Blanco White—, el canónigo lectoral, tras el almuerzo en el refectorio, se encerró en su cuarto para tenderse vestido en la cama y leer uno de sus libros preferidos de cabecera, *Las Moradas*, de Teresa de Jesús, la santa víctima de la Inquisición sevillana; en cuanto tres días atrás le había sido prohibido terminantemente volver a interpretar al piano a cualquier hora de la mañana, la tarde o la noche.

Cuando unos suaves y discretos golpes sonaron en el portón, Pablo Carvajal y Ximénez Enciso se levantó del lecho para abrir, tras calzarse previamente sus lustrosos zapatos con hebilla de plata, humedecerse la cara con una toalla empapada en agua de colonia y pasarse el peine por sus desordenados cabellos.

Y grande fue su sorpresa cuando apareció ante él, descompuesta y conteniendo las lágrimas, su prima Natalia, marquesa de Valverde de los Caballeros.

—Pablo, querido, perdona que venga a molestarte a hora tan inadecuada; pero qué remedio, me encuentro desolada —dijo tras abrazarle.

—Pasa y siéntate, no me molestas. ¿Qué te sucede?

Tras acomodarse en el filo de la cama de su primo, Eulalia sacó de su bolso de piel de serpiente un pañuelo de batista y encaje con el que se enjugó las lágrimas que habían comenzado a rodar de sus ojos azul prusia. Luego, suspiró. Pablo Carvajal, sentado junto a ella, guardó silencio dejándola que se desahogara para terminar tomándola de las manos cariñosamente.

—Cuéntame —le preguntó finalmente en tono confidencial.

—Mi vida sentimental es un desastre. Estoy desesperada, Pablo.

—Siempre te llevaste bien con tu marido, por lo que me extrañó que este verano lo dejaras solo en San Sebastián y te fueras a Vélez-Málaga con tu amiga. ¿Cómo se llama?

—Montserrat.

—Con tu amiga Montserrat. ¿Has tenido últimamente algún problema con él.

—Con él no. Lo he tenido con ella. Me ha abandonado, Pablo.

El canónigo lectoral tosió un par de veces. Había captado la situación, pero trató de eludir la responsabilidad que, como sacerdote católico, conllevaba tolerar aquellos amores femeninos. Hizo un quiebro.

—La amistad es una cosa fluctuante —dijo—. Has de aceptar las contradicciones de la naturaleza humana y perdonarlas. ¡Qué mujer no ha reñido con una amiga por una insignificancia!

—Pero no se trata sólo de una amistad, sino del amor, Pablo. Nos veíamos todos los meses a pesar de la distancia que nos separaba. Nos encontrábamos en Madrid. Yo la continúo amando y ella me amaba. Hemos pasado juntas días inolvidables hasta que se ha cruzado en nuestro camino una furcia del Paralelo, con la que ha terminado liándose la muy canalla.

CAPÍTULO OCTAVO

Don Manuel de Falla pasea peripatético por el andén de la estación de ferrocarril. Llegada a Granada —él en tren, ella en automóvil— del canónigo lectoral y de la baronesa de Halora. Encuentro en el hall *del hotel Alhambra Palace. Pablo Carvajal y Carlota Rosillo recorren juntos, en coche de caballo, la antigua capital del Reino Nazarita, y, al detenerse casualmente el coche ante el café Alameda, ni Pablo ni Carlota pueden imaginar, sentados en una mesa tras la luneta iluminada, al escritor inglés Rudyard Kipling y al pianista polaco Arturo Rubinstein. Noche de amor en el hotel Alhambra Palace.*

AL DESCENDER DEL TREN RÁPIDO que lo había traído desde Sevilla hasta Granada, el canónigo lectoral descubrió en el andén de la estación de ferrocarril, esperando posiblemente la llegada del expreso procedente de Madrid, a punto también de entrar en agujas, al compositor don Manuel de Falla. Conociéndose como se conocían, al haber sido presentados en Cádiz dos años atrás por el joven abogado y poeta José María Pemán y Pemartín —notable defensor ya, desde sus pocos años, del Altar, el Trono y la Casa Domecq— y pese a la admiración que sentía por el maestro, Pablo Carvajal, viajando como lo hacía de incógnito, se vio obligado a dar un rodeo, cruzando los raíles, para no encontrarse frente a frente con el peripatético músico gaditano que acababa de adquirir un carmen y fijado su residencia en Granada.

Don Manuel de Falla, vestido de negro, las manos en la espalda sosteniendo un paraguas cerrado, con una larga bufanda sobre el cuello de terciopelo del abrigo que le protegía del frío del ya pasado mediodía —viento silbante llegado de las cumbres nevadas de la Serranía— y un sombrero de fieltro encasquetado, tenía más aspecto de clérigo evangelista o presbiteriano que él mismo, a pesar de vestir también de seglar, traje oscuro, al brazo el abrigo —como era su costumbre con el manteo— y una valija de cuero de antílope en la mano derecha.

El viaje —pese a haberlo realizado en primera clase y en departamento solitario— había resultado demasiado largo, aburrido y cansado. Habiendo salido de la estación de San Bernardo, de Sevilla, a las seis de la mañana, arribó a Granada a las dos. Ocho horas, pues, de continuo traqueteo en un vagón de calesera con estribo exterior que se detuvo en media docena de estaciones del trayecto, a pesar de estar calificado el convoy de tren rápido.

Mientras don Manuel de Falla, vuelto ahora de espalda, continuaba su peripatético paseo por el andén esperando la llegada del expreso de Madrid, el canónigo lectoral alcanzó la rotonda de salida y tomó un taxi en el *punto*, solicitando del chófer que lo llevara al hotel Alhambra Palace donde tenía reservada una habitación en el mismo piso de su sobrina para facilitar su encuentro amoroso.

Al llegar a la Explanada de Elvira las campanadas de un reloj —cuya posición no descubriera— dieron la media de las dos de la tarde, y el cielo, encapotado de nubes bajas —que no permitían otear las cumbres de la Sierra Nevada—, comenzó a cruzarse y recruzarse de culebrinas azuladas y rojizos y silenciosos relámpagos. Olía a tierra mojada —llegada en ráfagas de la Vega—, a cañaveral, a piedra corroída por la erosión, a alhucema transminada de los braceros encendidos en los zaguanes y en las casa-puertas, a mirtos, a arrayanes y a naranjos.

* * *

A las ocho en punto de la mañana, Carlota Rosillo y Ximénez Enciso habían salido de Sevilla hacia Granada, para acudir a la cita previamente concertada con su tío Pablo, en el *sedan* Fiat crema y negro conducido por su chófer al que, como tenía pensado desde hacía meses y una vez convencida de las secretas relaciones que mantenía con su doncella, a pesar de los años que los separaban, estar él casado y tener ella novio formal —un mocito pinturero—, había convertido en hombre de su entera confianza, lo que no suponía que continuara manteniendo con él las obligadas distancias, hasta el punto de no cruzar con él apenas palabras a lo largo del viaje.

El pretexto que había puesto ante su marido y la familia para salir sola de Sevilla era el de desplazarse a un convento de Loja donde permanecería cinco días para hacer ejercicios espirituales, lugar ideal de recogimiento y oración dada la amistad que decía tener con la superiora, antigua compañera del colegio de las Irlandesas.

Pese al potente cubicaje del coche, de noventa caballos y cilindros en línea, el viaje resultó agotador dadas las malas condiciones de la carretera que unía la ciudad del Betis con la del Darro y el Genil, a pesar de las obras que acababa de realizar en ella el Directorio militar. Dos largas paradas de cerca de una hora cada una, la primera en Osuna para cambiar un neumático y la segunda en Antequera para reparar el radiador, donde, tras un imprevisible descenso de la temperatura, había comenzado a helarse el agua.

Envuelta en un abrigo de oso polar y protegidas sus suaves, cuidadas y largas manos con mitones escandinavos, Carlota Rosillo se vio libre del intenso frío que sufrió sin embargo su chófer conduciendo el auto tiritante al cruzar los altos repechos de las estribaciones serranas que se vieran obligados a coronar antes de desembocar en la Vega, donde la temperatura se suavizó aunque el viento encañonado entre los altos álamos que orillaban la carretera obligara a una prudente y lenta conducción. Los casi trescientos kilómetros de distancia que separan ambas ciudades fueron cubiertos a una media que no sobrepasó los cincuenta por hora; de manera que eran ya las cinco largas de la tarde por el reloj Longines de platino de la baronesa cuando el *sedan* se detuvo en la rotonda de entrada del hotel Alhambra Palace. Aunque abierta, tras una reverencia, la puerta derecha trasera del auto por uno de los porteros del hotel vestido a la usanza musulmana, Carlota Rosillo permaneció dentro del coche hasta que su propio chófer, tras quitarse la gorra y salir del vehículo ya con ella en la mano, no ocupó su lugar protocolario para dar paso a su ilustre señora. Sólo entonces la baronesa, que dejó al descubierto al bajar —la falda de su vestido a medio muslo— su liguero celeste y la puntilla de sus *cucos* de *satín*, abandonó el *sedan* —la boquilla de ámbar con un cigarrillo encendido entre los labios— con la apostura de una estrella del cinema americano —en ella habitual—, la arrogancia de una junker germánica y el desparpajo de una corista de variedades.

Tras despedirse de su chófer —que había de regresar inmediatamente a Sevilla y la acompañara hasta la recepción cargado con sus dos grandes maletas de piel de Rusia— y quedar citado con él para cinco días más tarde en el vestíbulo del hotel a las siete de la mañana, la baronesa de Halora, precedida por un botones tocado con un fez rojo de fieltro, se dirigió a su habitación, subiendo ahora, transformada en diosa griega, la suntuosa escalera de mármol rosa del Alhambra Palace.

El reloj de péndulo sonoro del *hall* dio la media de las cinco de la tarde. Y en los ventanales con arcos de herradura se tamizaba ya —alejada la tormenta hacia el litoral— la luz vespertina que huía por el poniente entre los clamores de campanas de las parroquias que repicaban a triduos, jubileos, quinarios y novenas.

* * *

Dejado caer, ya de nuevo vestido, en el lecho —cubierto con una colcha verde, azul y blanca, colores del antiguo Reino Nazarita, tejida con lana de la Alpujarra— de su habitación situada en el piso noble del hotel tras haber procedido a su aseo personal, vuelto a afeitar y limpio ya de la carbonilla y el olor a humo de su viaje, el canónigo lectoral, con los ojos entornados, esperaba ansioso la llamada telefónica de su sobrina Carlota tras los primeros momentos de desazón y desconcierto que sucedieron a su llegada al hotel donde entrara con la timidez de un seminarista y la humildad de un fraile franciscano y, al llegar a la recepción, estuviera a punto de volverse para subir de nuevo al taxi que lo había traído de la estación, cuando solicitaran sus credenciales, pese a tener reservada la estancia, viéndose obligado a mostrar su célula personal en la que figuraba su estado civil de clérigo.

Superada ya la angustia al creerse al llegar, naturalmente no siéndolo, el centro de las miradas de los huéspedes sentados en el vestíbulo, particularmente de los turistas ingleses, Pablo Carvajal sintió cómo todo su cuerpo se estremecía al pensar en la noche que se acercaba a paso de gallo por las cumbres de Sierra Nevada donde el edelweis —flor del amor y de la muerte, de la nieve y el olvido— crece al borde de los glaciales, en el momento justo en que sonó por fin, el teléfono. Tras descolgarlo, el canónigo lectoral se sorprendió al llegarle la voz de su sobrina, inexplicablemente demasiado ronca, casi irreconocible.

—¡Mi amor!
—Carlota...
—¿Cómo hiciste el viaje?
—Bien. Te noto ronca. Posiblemente, te has enfriado. ¿Cómo lo hiciste tú?
—Bien también, exceptuando un par de incidentes mecánicos que, gracias a Dios, no tuvieron mayores

consecuencias que un par de horas de demora. Acabo de llegar. Me he dado un baño y te hablo tendida en la cama completamente desnuda, como Eva. Quizá la ronquera se deba a eso, aunque pienso que la culpa la tiene el tabaco. Me he fumado dos cajetillas durante el viaje.

—¡Cúbrete! —respondió Pablo Carvajal sonrojándose tras advertir cómo su cuerpo volvía a estremecerse como un viejo roble azotado por el vendaval.

—Tranquilízate, mi amor. El ambiente de este cuarto es muy cálido, tanto casi como mi cuerpo. La calefacción es demasiado fuerte. Igual que en el tuyo, supongo.

—En efecto.

—Voy a vestirme. Bajo en diez minutos. Espérame en el *hall*.

—Pensé...

—Pensaste mal. Aunque se nos va a echar en seguida la noche encima, saldremos a dar una vuelta y a cenar fuera. ¿No te apetece?

—Como tú prefieras —respondió el canónigo lectoral.

—Dime que me quieres, amor mío.

—Te quiero, sí, te quiero.

Pablo Carvajal se quedó sorprendido de que Carlota colgara rápidamente el teléfono tras sus últimas palabras. A pesar de su conocimiento como confesor del alma femenina, no supo entender sin embargo que la mujer pone siempre un prólogo —y mientras más largo mejor— a su entrega, aunque esté decidida previamente.

Confundido, el canónigo lectoral saltando de la cama se situó ante el espejo del armario para contemplarse en él. Dentro de su traje de seglar, como los militares habituados a sus uniformes, sus movimientos eran lentos y torpes, pareciendo haber perdido su característica agilidad al echar de menos la sotana, sólo dentro de la cual se movía como pez en el agua.

Consciente de parecer un mal figurín, Pablo Carvajal se contempló de arriba abajo en el espejo y tuvo un gesto despreciativo hacia su figura que, comparándola con la de su hermano José María, e incluso con la de su padre, le resultaba falta de estilo, de distinción, de elegancia y de humanidad, embutido como se encontraba en un estrecho traje negro, los pantalones excesivamente cortos y la camisa y la corbata completamente pasadas de moda, como el sombrero de fieltro que, al abandonar la habitación, cubriría su cabeza tonsurada a pesar de que hacía semanas que no se afeitaba la coronilla y que las crenchas de sus cabellos en cierta medida la disimulaban hasta el punto de resultar difícil descubrir por ellas en él un clérigo.

Tras cerrar la puerta de su cuarto y pese a encontrarse en el piso noble, Pablo Carvajal prefirió bajar por el ascensor en vez de hacerlo por la escalera. Y en su espejo de luna biselada, ribeteada de madera de palosanto, volvió a contemplarse a lo largo de los breves segundos que el ascensor tardó en descender hasta el vestíbulo, volviendo a decirse a sí mismo que al lado de Carlota, tan joven y bella, parecería seguramente su chófer, no su amante, lo cual podría resultar positivo para enmascararse y mantener su anonimato. No obstante, al abrir la puerta plegable y a continuación la cancela para salir, tras mirarse por última vez en el espejo, se imaginó vestido con la ropa propia de un empleado de pompas fúnebres, por lo que la idea de la muerte —siempre en él una constante frente a las situaciones más dispares— volvió a rondar su cabeza, agitándola como si hubiera penetrado en ella un avispero.

Al cabo de para él cinco largos minutos de tensión tras haberse sentado en un sofá-diván, rematado por espejitos en formas de media luna, junto a una mesita de marquetería de tapa octogonal, medios puntos y friso incrustados de marfil y ébano, Pablo Carvajal contempló asombrado la bajada por la escalera regia de la baronesa. Pese a vestir un descotado traje *chiffon* de tarde y un abrigo de zorro plateado sobre los hombros, a los que se unían unos zapatos beige, unas medias blancas, un bolso de malla de plata y un sombrero *cloche*, color verde manzana, el canónigo lectoral tuvo durante unos instantes la sensación de que la que lo hacía, dejando resbalar su enguatada mano izquierda por la baranda de metal bruñido, no era su sobrina Carlota, cuya cara se esfumó de repente, sino la imagen en vivo de la Gran Concepción Inmaculada, pero sin Niño, pintada por Bartolomé Esteban Murillo, que presidía la nave magna del Museo de Bellas Artes de Sevilla, trasplantada desde las celestiales nubes aureolada de angelotes a la escalera. Dos vuelcos dio su corazón y a punto estuvo de perder el conocimiento y desvanecerse, tal era su emoción, cuando borróse la fantasmal aparición y percibió el inconfundible perfume del cuerpo de Carlota llegar hasta él para sentarse a su lado y cogerle las manos.

* * *

Media hora larga tardó en llegar al hotel el coche de caballos que solicitaran los amantes del *punto* de la Real Cancillería, a lo largo de la cual los silencios sustituyeron a las palabras, apenas monosílabos, casi sin sentido ni ilación no por culpa de la baronesa, que intentó ser locuaz, sino del canónigo, desasosegado e intranquilo por dos comprensibles razones: la de perder su anonimato —su incógnito, como él lo calificara— y la de sentirse completamente fuera de lugar junto a su sobrina, rodeado de ancianas millonarias inglesas y norteamericanas vestidas con trajes estampados que tomaban el aperitivo —a punto ya de abrirse el comedor— sentadas en los divanes del *lobby* junto a sus maridos, sus *gigolos*, sus señoritas de compañía o sus perros falderos, mientras sobre el entarimado —a la izquierda de la regia escalera— un pianista vestido de smoking desgranaba —sin acertar correctamente ni una sola nota según el severo criterio del canónigo lectoral— a Albéniz y a Granados, a Bizet y a Ravel.

Cuando un botones les dio aviso de que el coche había llegado y les esperaba en la rotonda orillada con macetas de geranios, dalias y aspidistras, Carlota y Pablo salieron del hotel para subir al coche con la capota de hule echada —dada la baja temperatura y el viento helado que bajaba de la sierra— y las farolas encendidas, arrastrado por un viejo jamelgo con la cabeza protegida con un sombrero de lona encerada, lo que provocó la hilaridad de la baronesa, que subió al vehículo ayudada por su tío y sobre el que se arrojó prácticamente en los brazos cuando el simón, color verde y negro, inició su singladura bajando por el Plegadero hacia la cuesta del Aire, siguiendo el cochero las instrucciones de Carlota, que le indicó que los condujera a la plaza de Bibarrambla.

El silencio del canónigo tras haber sido besado frenéticamente por la baronesa —besos que no supo apasionadamente devolver, quizá sorprendido por el cálido aliento de la boca femenina— y de haberle cogido luego ella la mano derecha para colocársela sobre sus ardientes muslos, sólo a unas pulgadas del pubis, dejó a Carlota asombrada, sin comprender que eran los primeros besos que Pablo recibía y la primera vez que aquella mano tocaba —sobre la falda que resbalaba sobre la combinación de *satin*— unas piernas de mujer.

—¿Qué te pasa? Te has quedado helado; tu frente está fría como la nieve —dijo Carlota acariciándole las sienes. Luego preguntó—: ¿Puede saberse qué te sucede?

—Nada.

—¿Finalmente, estás arrepentido de haber dado este paso?

—No, no lo estoy.

—¿Entonces? ¿Acaso no me quieres?

—No sólo te quiero, sino que te amo más que a mi propia vida, pero tocarte me parece un sacrilegio.

—¿Un sacrilegio?

—Compréndeme. Es la primera vez en mi vida que toco a una mujer.

—No es posible. ¿Nunca tuviste relación con ninguna?

—¡Jamás!

—Acaríciame, mi amor, acaríciame. Pon tus manos bajo mi falda. Nadie lo va a advertir —dijo Carlota cubriéndose las rodillas con el abrigo de zorro plateado.

Cuando sus dedos trémulos rozaron los muslos de Carlota enfundados en las medias de seda, el canónigo lectoral estuvo a punto de perder el sentido y desmayarse en los brazos de la baronesa. Finalmente, los dos, discretamente abrazados, mirándose a los ojos, permanecieron por espacio de lo que creían una eternidad, siendo exactamente solo, sin embargo, diez minutos: tiempo en que el caballo, ahora a medio trote, tras bajar la cuesta del Aire desembocó en la calle Monjas, para, ya de nuevo al paso, repiqueteantes las campanillas del yugo, tomar una callejuela y detenerse a la derecha de una plaza solitaria.

Excusóse el cochero por la parada que hizo y pidió disculpas justificándose con que tenía que dar un recado a su hermano, también cochero de punto, que habitaba en una casa de vecindad situada en una costanilla peatonal empedrada de cantos rodados, a la que no tenía acceso el simón. Y a ella se dirigió con paso vacilante.

Los faroles de gas de la plaza iluminaban los árboles centenarios y ponían una pincelada de azulada penumbra en las aceras. Sólo las dos lunas de un establecimiento público se hallaban iluminadas. Mientras ambos esperaban el regreso del cochero en silencio, la cabeza de Carlota dejada caer sobre el hombro derecho de Pablo, el canónigo lectoral leyó el rótulo rojo y oro que presidía la puerta de entrada del café Alameda, donde se reunía la tertulia artístico-literaria más famosa de Granada y lugar del que tenía ya sobradas referencias en razón de su fama. Pero lo que no pudieron imaginar, ni él ni ella, es que en un velador de pie de hierro colado y tapa de mármol, Rudyard Kipling y Arturo Rubinstein, visitantes de la ciudad y hospedados en su mismo hotel, se encontraban conversando sobre el fascinante mundo de la India —tan semejante, según ellos, al de Granada— ante dos jarras de cerámicas nazaritas llenos de suave vino de Huétor.

* * *

Tras la prevista cena en la Alcaicería, en el transcurso de la cual la baronesa bebiera tanto vino de la costa granadina —de doble graduación que el de Huétor— que asombrara al canónigo lectoral, Carlota sugirió a su tío tomar un taxi y dirigirse al·Sacromonte para asistir a una de las pintorescas fiestas que se celebraban cada noche en las cuevas gitanas.

—Por favor, Carlota, te lo ruego, no me obligues a exhibirme más de lo debido.

—No se trata de ninguna exhibición, cariño mío —contestó la baronesa acariciándole las piernas bajo la mesa, lo que hizo que volviera a armarse caballero el canónigo—, sino de contemplar un espectáculo que, me han asegurado, es único.

—Puede. Pero con ello pretendes, al parecer, alargar una situación para mí insostenible. ¡Inexplicable prólogo! —exclamó Pablo Carvajal con tono de sermón, más propio de un púlpito.

—¡Ay, cómo eres! Te deseo más si cabe que tú a mí, y te lo estoy demostrando. Estoy loca por terminar contigo en la cama; pero por eso precisamente no quiero llegar a ella sin antes haber gozado de las primicias, tan importante para mí como acostarme contigo —contestó Carlota condicionada como estaba eróticamente por citas clandestinas en bancos de jardines, quicios de oscuridades ciudadanas, almiares de paja y últimas filas de butacas de cinematógrafos, en cuanto en el lecho no había hecho prácticamente el amor.

—Lo siento, Carlota; pero ni quiero, ni puedo asistir a ese espectáculo del que me hablas.

—Acepto que me digas que no quieres, pero no que no puedes. ¡Qué divertido! Ya estamos regañando, aunque aún no hayamos gozado, según tú, naturalmente, pues yo soy feliz, de la completa intimidad, y quizá sea ésa la razón de tu actitud —exclamó Carlota sacando del bolso de malla la segunda cajetilla de Clipper y colocando un cigarrillo en su boquilla de oro y ámbar que encendió con su encendedor—. ¿Me dejarás al menos que me tome una copa de coñac, no? —preguntó finalmente.

—Algo que verdaderamente me ha desconcertado es que nunca imaginé que bebieras como lo haces —contestó el canónigo lectoral—. Por supuesto que puedes tomar esa copa. No tenías por qué preguntármelo.

—A cambio de aceptar que no vayamos al Sacromonte no es mucho pedir, ¿no?

—No lo es —respondió con frialdad e indiferencia Pablo.

Mientras Carlota bebía a sorbos la copa de *cognac* francés que le sirvió el *maître* y arrojaba a la vez el humo por su nariz entre germánica y griega, abstraída y ausente la mirada en el friso centelleante del zócalo de azulejos, Pablo Carvajal la contemplaba y comenzando a reflexionar sobre la complejidad de su sobrina. A pesar de saber que se encontraba completamente enamorado de ella —más que de ella en sí, quizá de su piel, de su belleza, de su voz— y de haber gozado ya —sólo en una medida casi infantil de su cuerpo de diosa—, la frialdad de sus razonamientos comenzaron a imponerse sobre su pasión al ser consciente de verse envuelto en un juego de penumbras y resoles. Y fue en el instante en que la baronesa, sin consultarle, llamó a un camarero para que volviera a llenarle de nuevo la copa, cuando reaccionó por vez primera violentamente.

—¡Basta!
—¿Cómo? ¿Me prohíbes que beba?
—Sí, te lo prohíbo. Y terminantemente.

El desconcierto del canónigo lectoral alcanzó su punto álgido cuando, de repente, Carlota se echó a llorar. No le dijo, sin embargo, una palabra, limitándose a levantar para abonar la cuenta al *maître* y pedirle que le dijera si podría solicitarle un taxi por teléfono, o indicarle al menos dónde podría encontrar una parada.

—A sólo dos pasos. En la plaza de Bibarrambla.

En unos instantes Pablo Carvajal cambió su timidez por arrogancia y su talante de beatífico en agresivo. Sin volver a cruzar con ella una sola palabra hizo levantar a su sobrina de la mesa, la ayudó a ponerse el abrigo, la tomó del brazo y salió con ella a la calle para desembocar en la plaza y subir al único taxi que, providencialmente, se encontraba en el *punto*. Una vez dentro ambos del auto, y tras indicar al chófer que los condujera al hotel Alhambra Palace, Carlota, aún sollozante, se arrojó de nuevo en sus brazos, forzándolo con jadeantes súplicas y gemidos de auténticos orgasmos a que le acariciara las piernas bajo la falda, a lo que el canónigo lectoral se negó con una violencia que dejó paralizada a Carlota, dejando de insistir para proseguir sollozando.

Una vez llegados al hotel, Pablo Carvajal dejó sentada a Carlota en un diván del vestíbulo mientras solicitaba las llaves de las respectivas habitaciones, apenas separadas por una docena de metros. Luego hizo subir a su sobrina al ascensor, caminó más tarde al lado de ella por el pasillo, abrió la puerta al llegar a la altura de su cuarto, le entregó la llave y la hizo entrar sola en su habitación para, a continuación, sin despedirse de ella ni darle siquiera las buenas noches, dirigirse a la suya.

En el reloj del *hall* dieron las doce campanadas de la medianoche. Y, fuera del hotel, entre lejanos aullidos de perros vagabundos llegados del Campo de los Mártires, el viento encañonado —prólogo de la tempestad que se aproximaba— silbaba en los bosques del Generalife y en las florestas de los jardines de la Alhambra.

CAPÍTULO NOVENO

*Por fin juntos en un amanecer deslumbrante. Visita
a la Alhambra. Recorrido a pie por el centro
de la ciudad donde, sentados en un velador
del Café Suizo, conversan Fernando de los Ríos
y Federico García Lorca. Homenaje a Gustav Mahler
en el Centro. Artístico. El Tercer Batallón
del Regimiento de Infantería Loja 16 parte hacia
las últimas operaciones de Marruecos. Despedida
de los amantes en el Paseo de los Tristes.*

LAS DEL ALBA SERÍAN cuando Carlota —descalza, en salto de cama de seda blanca con metecintas y lazos de raso color rosa—, sonámbula tras su noche insomne, repiqueteó con sus dedos de Dolorosa en la puerta de la habitación de Pablo, en duermevela también de reflexiones y rezos, deseos, arrepentimientos y viriles lágrimas.

Tanto el uno como la otra habían esperado toda la noche la llegada de su contrario, la baronesa en cuidado desarreglo y el canónigo lectoral vestido, sin haberse despojado siquiera de la chaqueta ni de la corbata, sentado en una butaca con la mirada perdida en la cenefa azul verde y blanca del zócalo.

La llegada de su sobrina —pues bien sabía que era, por fin, ella— no produjo en el benjamín de los Carvajal ninguna sorpresa. Con paso tardo y cansino cruzó la estancia y abrió la puerta en el momento en que, a su espalda, en el ventanal, las aún lejanas luces del amanecer asomaban por la blanca crestería oriental de la cordillera, azuleando ya las nieves en la cumbre del Mulhacén.

No hubo palabras, innecesarias por otro lado. Y así lo aceptaron ambos, abrazados y silentemente sollozantes tras el reencuentro bajo el quicio encalado —donde una granada de estaño a medio desgranar se perfilaba en el arco de medio punto—, para caminar de puntillas hasta el centro de la alcoba y dejarse caer en una de las dos camas gemelas donde comenzaran, sin desnudarse, la larga liturgia de los besos, las torpes caricias y los suspiros, preludio de la báquica escena que la baronesa terminaría por iniciar rindiendo bucalmente tributo al falo canonical; alegoría dionisíaca, acto ritual de ofrenda de la doncella al macho cabrío en los bosques de Corinto, lo que desconcertó en principio por su degenerada perversidad a Pablo hasta lograr reconstruir mentalmente, para su justificación, el mundo clásico que tan bien conocía y terminar por aceptarse como un Dioniso que a la vez se viera obligado a rendir, en reciprocidad, culto a Afrodita, aunque su torpeza en el acto demostrara claramente su inexperiencia en el amor pagano cuando sus labios terminaron encontrando, entre *satin* y puntillas de encaje holandés, la fuente de la vida de su sobrina; fontana rodeada por el suave vellocino del pubis, no por perfumado y lubricado menos agrio en su olor y sabor cual moneda de cobre lamida por la lengua de un niño.

Y hubo de transcurrir casi una hora —ya la luz pura y clara de la mañana de noviembre en el ventanal emplomado, corrida a media la cortina— antes de que la fornicación alcanzara el punto de cristiana naturalidad deseada por Pablo. Y sólo a partir de ese instante llegó la desnudez total de ambos, ciegos y arrolladores, en encadenados orgasmos femeninos y eyaculaciones masculinas, donde los gritos, las exclamaciones, los gozosos ayes de uno y otra alcanzaran el corredor del piso noble del hotel por donde transcurrían ya las doncellas disfrazadas de huríes y los camareros de derviches para servir los desayunos insulares al mundo anglosajón que llenaba el Alhambra Palace.

Por fin, tras casi cuatro horas de lucha amorosa, donde todo cupo ya, sin aparente escrúpulo del canónigo lectoral, llegó la paz más deseada por Pablo que por Carlota, incansable aún, temblorosa y enloquecida, que intentara nuevas sesiones, con sus consiguientes prolegómenos, que el benjamín de los Carvajal se sentía incapaz de aceptar más por bíblicos temores que por cansancio, dejándose acariciar de nuevo torpemente mientras por su mente revoloteaban los fantasmas de los demonios de los pecados: cometidos desde su pesadumbre por la violada castidad, ciertamente tan bella y tan paganamente rota, lo que no obstaculizó, no obstante, el encomendarse a todos los santos, a todos los mártires y a todas las vírgenes de su devoción, hasta el grado que de haber tenido en aquel momento al alcance de su mano una piedra golpearse con ella el pecho, como san Jerónimo.

Al cabo de otra media hora, Carlota, dando un salto, abandonó finalmente el lecho y, tras asomarse al espejo del tocador —para contemplar la lividez de sus labios agrietados, por los que pasó las yemas de sus dedos, el violeta de sus ojeras, que también acarició con el índice, y la leonada revolución de sus cabellos— descorrió totalmente el cortinaje de terciopelo del ventanal por donde penetró, ya a torrente, la luz del mediodía.

El caserío y la vega de la ciudad nazarita se abrieron ante ella como un abanico goyesco cuyo *país*, a la vez noble, romántico y plebeyo, hubiera sido iluminado por la mano de un arcángel utilizando un ciprés como pincel: la carrera del Darro con sus aguas argentinas o enfangadas según los tramos, la Puerta de la Rambla, el Albayzín con sus callejas recoletas y sus cármenes floridos, el Campo de los Mártires, la Antequeruela; torres, espadañas, cruces, campanarios, almenas, yedra reptante por los muros enjalbegados, canceles, celosías; el rosa y el azul, los cremas y los oros; verdes crujietes del maíz y el centeno; la caña y el acanto; moradas hojas muertas para un poema a Daraja, la dulce novia de Ozmín; ocres relampagueantes y encendidos violetas. Casi un grabado de Hozfnagle.

Tendido aún en el lecho, para Pablo Carvajal la visión resultaba doblemente fascinante, quedando en suspenso y rememorando a Durero, a Lucas Cranach, a Watteau, a Botticelli y a Velázquez. Al *país* del abanico que admiraba la baronesa se yuxtaponía el de la propia *Venus* vuelta de espalda, entreabiertas las piernas, un brazo dejado caer a lo largo del cuerpo y el otro al aire, la mano izquierda sujetando el terciopelo de la cortina donde en el dedo anular fulguraba un diamante. Levantándose también, tras cubrirse púdicamente con la sábana de hilo los genitales, el canónigo lectoral terminó por echarse por los hombros la colcha alpujarreña con los colores del Reino nazarita y dirigirse a Carlota para arrodillarse entre sus piernas —de vuelta ya la cara a él, sonriente, como absoluta vencedora— y consagrar a continuación un penúltimo sacrificio dirigido tanto a la carne como al Arte. La Capilla Sixtina, el Museo Vaticano; Grecia, Tartesso, el paganismo y la Cristiandad —junto al mundo islámico— todos, en tropel, se arremolinaron en el fondo de su contradictoria alma.

* * *

Se había vestido Carlota discreta y sencillamente como una recién casada que no necesita hacer valer sus ya conocidos encantos femeninos al esposo. Y sentíase más en consonancia con ella el canónigo que sólo habíase cambiado de camisa y conservaba su atuendo inevitablemente *clerical*; algo que no advirtiera en su exacta dimensión la baronesa, a la que parecía bastar el traje de seglar para desligarlo del sacerdocio, aunque lo ideal para ella hubiera sido llevarlo a su lado de sotana, manteo, canoa y zapatos con hebillas de plata en una infantil regresión a sus días escolares —ella de uniforme con falda plisada, blusita de hilo, redondo sombrero de fieltro negro y medias caídas— para hacer aún más demoníaco su amor maldito.

Tras el almuerzo en el último turno del comedor,

providencialmente abierto aún a las tres de la tarde, la ocasión de visitar la Alhambra integrados en un grupo de turistas ingleses y norteamericanos no fue desaprovechada por los amantes cuando, sentados tras la comida en el *hall* esperando la llegada de un taxi que le llevara hasta el Alcázar árabe —a sus espaldas, a un tiro de dardo musulmán—, apareció en el vestíbulo un intérprete y el chófer del pequeño autobús aparcado en la rotonda que realizaba el *tour* a la fortaleza nazarita.

Cogidos de la mano como dos adolescentes, subieron a la *limousine* —expresión que utilizara el intérprete al señalar el vehículo Mercedes, sin ventanillas y cubierto con una capota de hule tensada por flejes laterales, al dar paso de dos en dos a sus doce clientes— y se situaron en la última fila sobre una banqueta de gutapercha.

Trepó renqueante el Mercedes pintado de rojo-carruaje por la pendiente orillada de cipreses, helechos, acanto y margaritina otoñales, y en unos minutos alcanzó la entrada del Alcázar por donde penetró el grupo con sus máquinas *kodak* colgadas de los hombros. Quedaron rezagados el canónigo y la baronesa caminando sin prisa tras los claros abrigos, los sombreros de paja italiana, los vestidos estampados, las *trincheras*, los monóculos, los *canotiers*, los pantalones listados, las azules *bleizer* y las corbatas con los colores de los Regimientos de la Guardia; en cuanto las anécdotas en inglés, sólo a medias comprendidas, sobre los distintos lugares del palacio, muchas de ellas sacadas de los cuentos y crónicas de Washington Irving, carecían para ambos de interés, importándoles sólo la realidad arquitectónica tangible que no necesitaba ser iluminada ni por la leyenda ni por la historia.

Ni el palacio de Mëswar, ni el Oratorio, ni los patios de los Arrayanes y Los Leones, ni el Cuarto Dorado, ni la fachada del palacio de Comares, ni el Salón de Embajadores ni el jardín de Lindaraja, ni la Sala de los Reyes, ni la cúpula de la Sala de Dos Hermanas, requerían para ninguno de los dos amantes explicación. Sólo contaba la belleza, pese a la fragilidad de los materiales utilizados, el refinamiento de los estucos y de los azulejos, la gracia de los lazos de madera, los artesonados, la distribución de los espacios y la atmósfera transparente y ya gris, el sol cayendo, que impregnaba todo de misterio y lo cubría con un velo de melancolía tan inquietante como su amor mismo, cuya posible inconsistencia ya presentían cada uno de ellos desde un punto no por distinto menos semejante.

Habíanse besado sólo en una ocasión los amantes junto a la fuente del jardín de Lindaraja, con su sonoro surtidor, el agua espejeante y los pájaros, ya en recogida, piando en la punta de los cipreses del recoleto patio. Y, con los ojos húmedos, volvieron a hacerlo al abandonar el recinto y dar por terminada la visita.

De nuevo en el hotel, la tarde ya caída, decidieron dirigirse al centro de la ciudad de Zawï ben Ziri y el sabio Rey Yusut, haciéndolo en uno de los automóviles del hotel, un viejo pero impecable Oldsmobile con chófer uniformado, el escudo de al-Ahmar lacado sobre las cuatro portezuelas y cristal biselado para defender la intimidad frente al conductor.

Camino de la plaza de la Universidad, donde habían indicado al chófer que los dejara, en cuanto habían decidido callejear por el entorno catedralicio y universitario, Carlota preguntó a su tío Pablo con un dulce hilo de voz donde se mezclaban el sueño y el cansancio:

—¿Me quieres?

—Te amo con toda mi alma —contestó en tono oratorio el canónigo lectoral.

—Dime que eres feliz.

—Lo soy. Completamente.

—¡Te noto meditabundo! —exclamó Carlota, un tanto teatralmente, para terminar preguntando—: ¿Acaso ha influido en ti la disputa de ayer?

—Al contrario, gracias a ella han rodado las cosas.

—Así me lo parece a mí también. No podía suceder de otro modo —aseguró la baronesa dejando caer la cabeza dulce y tiernamente sobre el hombro izquierdo de su tío y encendiendo a continuación un cigarrillo sin hacer uso de la boquilla, quizá para evitar el aire de vampiresa que le infundía y de la que era consciente—. Entonces ¿a qué se debe ese gesto tuyo de preocupación, que tan conocido me es, y que no puedes negarme?

—A la inevitable brevedad del tiempo que nos queda para seguir estando juntos.

—¿Quién nos lo impide? ¿Y si decidiéramos no regresar? Podíamos huir a cualquier sitio, fuera de España incluso, si fuera preciso.

Pablo Carvajal no supo qué responder. Por su cabeza cruzaron un carrusel de imágenes en las que, al pecado mortal se unía ahora la posibilidad del escándalo que significaría no sólo su renuncia al sacerdocio al convertirse en un «apóstata» frente a la Iglesia Romana, sino el vincular su vida a una mujer casada y además consanguínea, sin olvidar el drama que representaría para sus hermanas y para el honor, ya tan maltrecho, de la Casa Condal, una nueva mácula de vergüenza que añadir a la *singularidad* de su hermano José María y a los desmanes de su padre. No obstante su rotunda negativa moral a la huida, el canónigo lectoral, pese a su nerviosismo, supo matizar la contestación con una sutileza:

—También yo lo he pensado.

—Nadie nos lo impide.

—En efecto, porque nada se puede oponer al verdadero amor; pero dejar antes en orden mis bienes patrimoniales es fundamental en un caso tan particular como el mío. Prácticamente había renunciado a ellos. Y lo mismo debieras hacer tú.

—Sí, creo que tienes razón, aunque mi caso es, en cierta medida, distinto. Al casarnos dejamos constancia de la separación de bienes en un documento previo. No fue idea mía sino de mi madre, que en paz descanse, siempre tan precavida. En cualquier caso será sólo cuestión de semanas dejar las cosas en su sitio.

—Lo mío, sin embargo, durará meses. Naturalmente, no me refiero a la dispensa que no voy a solicitar porque no me sería concedida.

Se detuvo el auto en el lado norte de la plaza de la Universidad, bajo la portada barroca de un viejo palacio, con la fachada de chorreantes ocres transformado en facultad de Letras, a la izquierda de la parada del tranvía que terminaba de arrancar campanilleante, y antes de bajar de él dieron las pertinentes instrucciones al chófer —que les abrió la portezuela con la gorra en la mano—, de que fuera a recogerlos allí mismo al cabo de tres horas, las que efectivamente tardarían en pasear por el desierto recinto universitario, cerrados ya los seminarios y las aulas aunque algunas contadas luces amarillas iluminaran los empolvados cristales de las ventanas neoclásicas; querían visitar la catedral, para conocer el sepulcro de los Reyes Católicos y la obra escultórica y pictórica del imaginero granadino Alonso Cano. Tras lograrlo, terminaron cenando en un pequeño restaurante situado al lado del Café Suizo, lugar que le fuera recomendado antes de salir del hotel por el jefe de recepción.

* * *

Tras la cena, finalizada con dulces y confituras monjiles del obrador de las Comendadoras de Santiago y Santa Isabel, la baronesa y el canónigo se dirigieron al Café Suizo, el lugar de reuniones burguesas más tradicional de la ciudad y que, pese a su aire decimonónico y trasnochado, habíase convertido en los últimos años en el preferido por los políticos, artistas y literatos no sólo locales sino nacionales y también de los extranjeros residentes en la ciudad, que se encontraban en ella de paso o en cortas temporadas: H. G. Wells, Ramón Gómez de la Serna, Ricardo Viñes, Jorge Guillén, Guillermo de Torre...

Con aparente aire de recién casados, Carlota y Pablo se sentaron juntos en la banqueta corrida que rodeaba el gran salón ante un velador de hierro colado con tapa de mármol y mantel de hilo color rosa en cuyo centro florecía un ramito de siemprevivas. Solicitó el canónigo del camarero una taza de café y la baronesa una copa de coñac, lo que hizo que Pablo frunciera el entrecejo en un gesto de preocupación al recordar la víspera. Con los primeros sorbos, un ángel pareció haber revoloteado con sus alas de ensueños sobre el velador, no cruzando ambos ni una sola palabra, quizá porque lograra ganarles la conversación que, en voz alta, junto a ellos sostenían un joven con chalina, largos cabellos cuidadosamente peinados y grandes y asombrados ojos negros y un noble varón de media barba, con lentes de montura de oro, vestido de gris marengo y al filo de los cincuenta años. Reconoció en él el canónigo lectoral al catedrático de la universidad granadina especialista en Platón y en la Iglesia del siglo XIX, polémico intelectual de la izquierda española.

—¿Le conoces? —preguntó en voz queda Carlota a Pablo.

—Sí.

—¿Y él a ti?

—No, claro.

—¿Cómo se llama?

—Fernando de los Ríos.

—¿Y el joven?

—Lo ignoro. Se tratará, sin duda, de un poeta local. Ya ves que están conversando sobre métrica.

—Y sobre política. Deben de ser dos revolucionarios, ¿no? Tienen pinta.

—Fernando de los Ríos lo es, en efecto, pero tan comedidamente que, a pesar de ser socialista, no lo tengo por tal.

Recitaba ahora el joven unos versos al ilustre jurisconsulto malagueño, que le escuchaba atentamente, la mano izquierda sobre la mejilla y la mirada ausente.

—... *las navajas de Albacete, / bellas de sangre contraria, / relucen como los peces. / Una dura luz de naipe / recorta en el agrio verde / caballos enfurecidos / y perfiles de jinetes...*

—No entiendo nada —musitó Carlota al oído de Pablo.

—El arte poético nuevo no tiene para mí ningún sentido ni interés. Debe de referirse sin duda a alguna reyerta, pienso —contestó el canónigo lectoral adivinando casualmente el título del poema de Federico García Lorca perteneciente a los inicios del *Romancero gitano*, aún por aquellas fechas inconcluso—. Personalmente no me entusiasman ni siquiera los románticos —prosiguió Pablo Carvajal—. Me quedo en Fray Luis, Góngora y San Juan de la Cruz.

—Yo, con Campoamor. Me encanta. Y, por supuesto, con Bécquer.

—He de reconocer, sin embargo, que aunque no me interese la nueva poesía —aclaró el canónigo lectoral— existe al parecer una joven generación, superior sin duda a ese asturiano, gobernador civil, con oído de corista, me refiero a Ramón de Campoamor, que tanto te entusiasma. Naturalmente, Gustavo Adolfo Bécquer es otra cosa y siento por él gran admiración.

El solo recuerdo de los versos del poeta sevillano —tan leído por ella de niña— excitó tanto a la baronesa que las aletas de su nariz comenzaron a tremolar como la boca de un pez carroñero. Entornando los ojos y arrimando a Pablo sus muslos ardientes y enfebrecidos le dijo:

—¡Vamos, mi amor! Esta noche quiero dormir en tus brazos bien abrigadita, luego de que gocemos mucho.

* * *

Al día siguiente, tras continuar la visita de los más notables edificios granadinos, la Cartuja, el Ayuntamiento viejo, el convento de San Francisco, Santa Isabel la Real, la Casa del Chapiz, Pablo Carvajal intentó convencer a su sobrina —sin conseguirlo— de asistir al concierto que se celebraría aquella tarde en homenaje a Gustav Mahler interpretado por la Orquesta de Cámara de Budapest de gira por la Península, y en el cual se darían a conocer por vez primera en la ciudad los mejores *lieder* del compositor bohemio.

Ante su negativa a acompañarle, dejó Pablo sola a Carlota en el hotel y, caminando, bajó por la Cuesta de Gomérez hasta el Realejo, para alcanzar la Fuente de las Batallas, atravesar el *Embovedado* y la Puerta Real y entrar en el Centro Artístico situado en los altos del Café Suizo, que, pese a ser un casino privado, autorizara la entrada en él a los amantes de la literatura y el arte en exposiciones pictóricas, conferencias, veladas musicales y conciertos.

Tras recoger el programa que le entregó el conserje y dejar el abrigo y el sombrero en el guardarropa, el canónigo lectoral cruzó el salón de lectura y el de juego, este último abarrotado de socios y el primero vacío, y entró en el pequeño salón de actos, aún desierto, para sentarse en la última fila, bajo un busto en escayola, imitando bronce, de Mariana de Pineda.

Hubieron de transcurrir casi veinte minutos antes

de que el público, formado casi exclusivamente por estudiantes, comenzara a entrar en el salón. Momento de soledad que aprovechó Pablo Carvajal para abstraerse y comenzar a meditar sobre las circunstancias en las que había desembocado su vida, terminando por entrar en el estado de depresión y ansiedad, en él tan habitual y frecuente cada vez que reflexionaba sobre sí mismo.

Apareció, por fin, en el escenario, la Orquesta de Cámara de Budapest y, después de unos tibios aplausos, dio comienzo el concierto dirigido por un joven director con una corta melena rubia cayéndole sobre la espalda del frac.

Conociendo como conocía la obra de Gustav Mahler, Pablo Carvajal se extrañó que el primer *lieder* no se correspondiera con el anunciado en el programa. Se abstrajo escuchándolo, no obstante, hasta que finalizó la pieza —en la que desafinó en innumerables ocasiones la viola de amor— pensando que se trataba de un error de distribución y orden por parte de la imprenta. Pero ni el segundo, ni el tercero ni el cuarto *lieder* se correspondían al del orden establecido en el folleto. Molesto en su orgullo de melómano, el canónigo lectoral decidió abandonar la sala preguntándose cómo era posible que una orquesta húngara, y por lo que había oído decir de ella tan prestigiosa, pudiera haber cambiado, sin anunciarlo previamente, el turno de las piezas interpretadas y cómo la viola de amor —tan importante para la armonía— había desafinado tantas veces.

Sin embargo, no era precisamente ése el verdadero motivo de su huida del Centro Artístico. El último *lieder* había sido un oratorio sobre la Muerte y la Resurrección, lo que terminó por desconcertarlo definitivamente en cuanto planteaba la Gran Incógnita a niveles que, por culpa de su extremada sensibilidad musical, volvían a ponerle una vez más al borde de la desesperación —no de la duda— hamletiana.

De nuevo en la calle, encendidas ya todas las farolas de gas del centro de la ciudad, el canónigo lectoral dudó si regresar directamente al hotel o dirigirse a la catedral, cuyas campanas anunciaban el rezo en el coro de *completas*. Finalmente, tomó la decisión de asistir a los oficios entrando en la basílica por la plaza de Alonso Cano tras dejar a su izquierda la zona urbana de Abu-l Asi.

Sentados en sus floridos sitiales de caoba, ciprés y ébano, acompañados por el órgano, el Cabildo había dado ya comienzo al último de los oficios litúrgicos del día. Pablo Carvajal arrodillóse en un banco en la esquina del crucero y no pudo evadirse a la fascinación de seguir el rezo de las *completas* en voz baja. Al cabo de unos minutos, el canónigo lectoral de la catedral metropolitana comenzó a sentirse tan afligido y angustiado que no pudo reprimir el llanto. Con la cabeza hundida entre las manos, el benjamín de los Condes de Carrión de los Molinos se puso a sollozar en voz alta dirigiendo su mirada al Tríptico de la Pasión pintado por Dierik Bouts, que perteneciera a la Católica Reina Isabel, y en el que Jesús, tras su crucifixión, bajada de la cruz y sepultura, resurge de su tumba como el ave fénix de sus cenizas, con un manto púrpura, en la mano izquierda sosteniendo el símbolo de la Cristiandad y abierta la derecha, bendicente, en un gesto de paz y conciliación.

Según las últimas noticias que Pablo Carvajal leía —sentado en el *hall* del hotel Alhambra Palace ante una taza de té de yerbabuena— en el diario *El defensor de Granada*, la guerra de Marruecos, tras la insurrección de Adb-El-Krim, había alcanzado su punto álgido y sólo faltaban que realizar —se decía— una serie de operaciones tácticas de castigo contra las cabilas rifeñas para alcanzar la definitiva paz en el Protectorado. También incluía el diario en su segunda página dos hechos internacionales de suma importancia, al parecer: la firma del Tratado de Mosul por el que quedaban distribuidas las acciones de la Irak Petroleum Company entre un grupo de sociedades inglesas, francesas y norteamericanas, obteniendo el cinco por ciento de ellas en su calidad de mediador el astuto Gulbenkian, y las duras declaraciones del político socialista y escritor francés Éduard Herriot a propósito de las luchas en París entre la izquierda liberal, los católicos y el movimiento fascista *Action Française*.

Sólo la última noticia, sin embargo, llamó la atención del canónigo lectoral, preocupado siempre por cualquier hecho que pudiera afectar la omnipresencia de la Iglesia Romana, a la que continuaba sintiéndose estrechamente ligado por lazos que se sentía incapaz de romper.

Tras terminar la infusión, Pablo Carvajal dobló el periódico dejándolo sobre la mesita incrustada de nácar, ébano y marfil, y decidió dar una vuelta por los alrededores del hotel. Eran sólo las diez de la mañana y Carlota le había dicho una hora antes que no bajaría al vestíbulo antes de las doce. Salió, pues, a la rotonda —donde un grupo de gitanas del Sacromonte forzaban la venta de claveles a los turistas que abandonaban el hotel para subir a los coches de caballo que los llevarían al Generalife y a la Alhambra— y, atravesando la esquina de la Antequeruela, se dirigió al Campo de los Mártires, las manos en la espalda sosteniendo el abrigo y el sombrero, tal como solía hacer en traje talar con el manteo y la canoa.

La mañana había amanecido fría y nublada, desde una óptica sureña, y un aire *gélido* llegaba a rachas intermitentes desde la Serranía meciendo con suavidad las hojas más altas de las copas de los centenarios árboles. Olía a mirto, a rosas de otoño, a alfalfa, a tréboles, a humo de lejanos boliches carboneros y a espliego y alhucema quemándose en los braseros de cobre de los cármenes.

La atmósfera y los olores de noviembre trajeron a Pablo el recuerdo de su infancia en la hacienda del Aljarafe sevillano, donde las piedras de las antiguas alquerías musulmanas reverdecían de líquenes; en el patio del caserío del cortijo florecían los crisantemos y las dalias en las macetas vidriadas, y los pájaros migratorios caían en bandadas sobre los olivos, donde las aceitunas ya maduras, a punto de almazara, exhalaban su perfume de arpechín que, unido al del estiércol de las caballerizas y de las cuadras, le sumergían en un éxtasis campesino que volvía a repetirse cada vez que se encontraba al aire libre, fuera del ámbito urbano: la casa paterna, el Cabildo, el Palacio Arzobispal, las naves catedralicias, la sala de ornamentos, la sacristía...

Inesperadamente, las cornetas y tambores de una

banda militar rompieron el silencio intacto de la mañana —roto sólo hasta entonces por el trino de los ruiseñores, el zurear de las palomas y el grito de las cornejas entre la fronda— y lo sacaron de su abstracción en la que el pecado de la carne era una constante desde cuatro días atrás.

Cinco minutos más tarde llegaba a la Antequeruela desde su acantonamiento situado al noreste del cementerio, el tercer batallón del Regimiento de línea Loja 16 que se dirigía a paso de maniobra al centro de la ciudad para desfilar en ella ante la Puerta del Perdón de la catedral y encaminarse luego a la estación de ferrocarril para embarcar, tras su llegada a Málaga, hacia el puerto de la plaza de soberanía española de Melilla.

El triste y melancólico aspecto de los demacrados soldaditos de España —obreros bilbaínos, barceloneses y madrileños, campesinos castellanos, gallegos y andaluces— correspondientes al último reemplazo, tocados con humildes gorrillos cuarteleros, calzados con alpargatas levantinas, uniformados con encartonada tela de algodón color caqui; los viejos máuser modelo noventa y dos colgados de los hombros, las mantas cuarteleras en banderola, las largas bayonetas pendientes de despellejados tahalís de cuero, dejaron impresionado al canónigo lectoral. No obstante, en el fondo no se trataba de ninguna preocupación social la que aflorara a su mente sino, una vez más y como en él era habitual, de su obsesiva preocupación por la Muerte, como holocausto y liberación, al pensar que, posiblemente, ninguno de ellos —tal como había sucedido cinco años atrás en el desastre de Annual— regresaría vivo a la Patria al haberse enterado una hora antes por la prensa de las peligrosas operaciones que iban a emprender.

Cuando el cornetín ordenó detenerse a la formación para volver a realizar el recuento de hombres tan proclives a la deserción y en el momento en que comenzaban a alinearse y cubrirse ante los sargentos para dar las novedades que serían luego comunicadas por los oficiales de las secciones a los capitanes de cada compañía y éstos al comandante, Pablo Carvajal, tras exclamar ¡Dios mío, ten misericordia!, se tocó con el sombrero, se puso el abrigo, que aún llevaba al brazo, y se dispuso a regresar al hotel, donde Carlota lo esperara en el vestíbulo vestida, como cada día, con un nuevo traje a cual más atrevido gracias a la corta longitud de sus faldas y al amplio contorno de sus escotes.

* * *

Quiso Carlota la tarde de la víspera del regreso de ambos a Sevilla —cada uno por su lado, tal como habían venido y estaba previsto volver— visitar el lugar que, según ella, junto al Jardín de Lindaraja, más le había impresionado de Granada, posiblemente en razón de su perspectiva, ciertamente única.

Tras bajar del auto del hotel y rogar al chófer que los esperara aparcado en el serpenteante lindero, sentáronse los dos amantes en la taza de la fuente del Paseo de los Tristes en la que se escurría dulcemente el agua y desde donde los torreones rosas, ocres, dorados y la cascada de la yedra reptante de la Alhambra robaban la penúltima luz a un poniente de seda violeta.

El nombre del paseo —tan elocuente—, el silencio, los lejanos rumores —*agua oculta que llora*—, el trinar estremecido de los pájaros, una esquila tintineando en el prado circundante, el fuego de los ojos de la baronesa donde estallaban demoníacas luces de locura y deseo, pusieron al canónigo, una vez más, en la punta de alfaque de doble filo de una inconcreta melancolía debida no sólo a la separación —aunque presentía vivir al cabo de unas horas la más apasionada noche de amor—, sino en función del comportamiento que habría de seguir al reintegrarse a su diócesis y ser consciente de que su vida sacerdotal, a partir de ahora, tendría inevitablemente que desenvolverse en un clima de dobleces e hipocresías, cual el de un cura de aldea o un párroco urbano, actitud que olímpicamente despreciaba, a no ser que se decidiera por la «apostasía» para escapar junto a Carlota —como ella estaba ya *convencida* que harían—, a la fin del mundo, de ser preciso.

Con las manos enlazadas a las de su sobrina, romántica e infantilmente, un sudor frío comenzó de pronto a inundar la frente y el cuello del canónigo lectoral, a la vez que el deseo que comenzaba a producirle el roce de la suave piel ardiente y judaica de Carlota estallaba ya en chispas en la yema de sus largos dedos de pianista.

Tras besar y abrazar enloquecidamente a su amante, Pablo Carvajal, en un gesto en él ciertamente insólito, ya que había sido siempre hasta ahora Carlota la que había tomado la iniciativa, la hizo levantarse, la tomó por la cintura y la empujó hasta el auto del hotel, que los esperaba entre un macizo de arrayanes, a un tiro de honda de la fuente neoclásica del Paseo.

CAPÍTULO DÉCIMO

*Reunión en el palacete condal: Blanca y Lucía
convocan a sus hermanos, José María y Pablo,
para discutir un* grave *asunto familiar.
Mientras caminan juntos hacia la plaza de la Virgen
de los Reyes, José María Carvajal y Ximénez Enciso
abre a su hermano la caja de los relámpagos
y de los truenos. El conde de Carrión de los Molinos
y su prometida, la niña Consolación, van al Pathé-
Cinema a ver una película de Greta Garbo. El canónigo
lectoral entra en el negro pozo sin fondo de la
depresión.* Volverán las oscuras golondrinas en tu
balcón sus nidos a colgar y otra vez con el ala, a sus
cristales, jugando llamarán.

CINCO DÍAS DESPUÉS de su regreso de Granada —tras el cruce de una borrasca atlántica a lo ancho de la cuenca del Guadalquivir; lluvias torrenciales, crecida del río llegada hasta los barrios periféricos, desbordamiento del arroyo Tamarguillo, inundaciones en las zonas bajas de la ciudad: la Alameda de Hércules, la Puerta Real, el Arenal, el Postigo del Aceite, el *Patín de las damas*—, al mediodía, el canónigo lectoral recibió un billete, que le llegó al Cabildo de manos de un lacayo de la Casa Condal, en el que sus hermanas, Blanca y Lucía, le pedían que, sin excusas dado la gravedad del caso, fuera a tomar el té aquella tarde con ellas para discutir un importante problema de familia.

Alertóse Pablo Carvajal frente al aviso pensando que había llegado hasta sus hermanas la noticia de su viaje de *luna de miel,* y en un principio pensó ponerse en contacto con Carlota, a la que, por común acuerdo, no había vuelto a ver desde su despedida, al alba, en el hotel Alhambra Palace, no llegando a hacerlo, sin embargo, en cuanto podía inspirar sospechas que ambos se habían propuesto evitar para desvincular la coincidente ausencia de los dos de Sevilla en días idénticos.

Había dejado de llover y, aunque la ciudad permaneciera envuelta en una caliginosa bruma de humedad y las nubes continuaran discurriendo veloces hacia Oriente, el sol asomaba ya victorioso entre los jirones de estratos y cirrus, volviendo a recuperar aquel día la urbe su inconfundible luz plata y azul de otoño.

Tras el almuerzo en el refectorio, solo y situado como en él era habitual en un extremo de la larga mesa para no verse obligado a conversar con nadie, Pablo Carvajal se enclaustró en su habitación, donde permaneció leyendo hasta que dio la media de las cuatro de la tarde el reloj de la Giralda.

Abandonó entonces la casa del Cabildo y, con el aire desenfadado y la arrogancia que le caracterizaba cuando se movía en los aledaños de la catedral, se dirigió a buen paso al palacete de la calle Aire recogiéndose la sotana cada vez que bajaba del acerado para evitar los charcos que espejeaban en el adoquinado, alrededor de las rejillas que obstruían los husillos.

Tras cruzar el zaguán y pulsar el campanil, una vez abierto el forjado cancel, el canónigo lectoral subió la escalera —en cuya mesetilla, con un pez platino en la mano diestra, el arcángel san Miguel sonreía entre rosadas nubes desde un lienzo del siglo dieciocho— y, después de dejar la canoa y el manteo colgados de la percha del corredor, dirigióse al salón azul pavo real contiguo a la biblioteca donde acostumbraban reunirse sus hermanas para hacer *crochet*, leer el *Blanco y Negro* y el *Año Cristiano*, rezar el rosario y mantener largas charlas sobre la vida social de la ciudad de la que, aun no participando, se encontraban siempre invariablemente al corriente.

Tras hallar el salón vacío —amodorrada en su jaula, colgada al lado del balcón, la pareja de canarios flauta, junto al gato de angora, deliciosa y doméstica paz de Blanca y Lucía— Pablo Carvajal se tropezó en el corredor, adornado por trofeos de caza mayor conseguidos por el conde, cuya afición cinegética había desaparecido al cumplir los cincuenta años, con el mayordomo de su padre.

—¿Qué hay, Eusebio? ¿Dónde están las señoritas?

—En la biblioteca, don Pablo, reunidas con el señorito José María. Estoy a punto de servirles el té. ¿Desea usted también tomarlo?

—Sí. Muchas gracias, Eusebio.

Tras abrir sin llamar la puerta encerada, el canónigo lectoral descubrió a sus tres hermanos sentados en el tresillo forrado de cretona inglesa esperando su llegada. Blanca y Lucía mantenían en su semblante tal rictus de seriedad que Pablo se preguntó si no se encontraba ante un tribunal inquisitorial dispuesto a juzgarlo. Después de besarles, sentóse en la única butaca libre, cruzó las manos beatíficamente y aguardó, pálido y angustiado, el inicio de las duras reconvenciones que estaba seguro se producirían tras conocer sin duda su viaje a Granada con Carlota.

Fue Lucía la que, llevando como siempre la voz cantante, rompió el silencio para explicarle el motivo del *consejo de familia*:

—Cuando el miércoles viniste a vernos a tu regreso de Madrid no quisimos, al faltarnos aún la suficiente información, ponerte al corriente de la grave situación por la que atraviesa nuestra Casa.

El canónigo lectoral quedó confuso ante aquellas primeras palabras. Al parecer, pensó, nadie me va a acusar de nada. ¡Bendito sea Dios! Guardó, no obstante, silencio y miró a su hermano que, sonriente, con los ojos entornados y un cigarrillo entre los labios, jugaba con el encendedor sin decidirse a prenderlo.

—Y ahora, ya con todos los datos en nuestro poder —prosiguió Lucía—, hemos pensado que era hora de comunicártelo para poner entre los cuatro remedio, como sea, a una locura: la semana que viene, si no hacemos inmediatamente algo para evitarlo, papá se nos casa.

—¿Cómo? ¡No es posible! —se asombró el canónigo lectoral.

—¡Lo es! —confirmó Blanca.

—Y tú, ¿tienes una información precisa y de primera mano de que sea verdad? —preguntó Pablo a José María.

—Naturalmente que la tengo. Mejor dicho, la tenemos. Nuestra duda de los últimos días se ha visto confirmada anoche, durante la cena. Él personalmente nos anunció la boda.

—¡Con una pelandusca! —exclamó Lucía.

—No exageres, querida; con una costurera de blanco de casa Peyré —dijo burlón el primogénito del conde de Carrión de los Molinos.

—¡Es lo mismo!

—Es peor, naturalmente, para vosotras —contestó José María—, porque no existen razones morales para impedir ese casamiento que, pensándolo bien, a mí no me parece tan disparatado, ya que ninguno de los cuatro hemos sido capaces, ni lo seremos, de darle a papá un heredero. Si ella lo hace quizá podamos aún salvar el apellido y el título.

—Estás loco, José María. Completamente loco. Tú eres el que debieras casarte. Aún tienes tiempo —sentenció Lucía.

—¿Casarme? ¡Qué divertido! ¿Cómo se te ocurre, querida? ¿Cuántas veces he de repetirte que soy de la cáscara amarga?

—Calla, por favor —terció Pablo, que quedó instantes más tarde asombrado con las palabras que pronunció su hermana Blanca.

—Tu condición de mariquita no te impide sin embargo contraer matrimonio y tener hijos. Comprendo que signifique un sacrificio, pero debías ser tú el que ofreciera un heredero a la familia. Si papá supiera que estabas dispuesto a casarte, estoy segura que renunciaría a hacerlo él.

—En última instancia, ¿qué más da que sea él y no yo el que lleve a una mujer al altar? ¡Qué importa! A mí y a él —dijo señalando a su hermano— las hembras nos están prohibidas por distintos motivos ¿verdad, Pablo?

—No mezcles, por favor, mi condición con la tuya.

—No lo hago; pero está claro que, aunque te dejaras llevar por los impulsos de tu corazón, tú tampoco podrías tenerlos ya que...

—¡Te prohíbo que hables así a tu hermano! —gritó Lucía.

Pablo guardó silencio y quedó lívido y expectante.

—De acuerdo, disculpa. Hay algo que, antes de que continúe esta absurda reunión, que a nada conduce, quisiera deciros. Según mis informes, esa modistilla es una muchacha muy formal que, aunque se case sólo por dinero, será fiel a nuestro *que-ri-do* padre. La conozco de vista, cosa que no os había dicho. Es poquita cosa. Vive con su madre en una casa de vecindad de San Bernardo. No tiene otros parientes y, al parecer, no ha tenido nunca novio, algo fundamental para vosotros que dais tanta importancia a la virginidad. En definitiva, una criada más que papá va a poner a vuestro servicio...

—Por favor, José María, no seas salvaje.

—Es la pura verdad.

—Si me habéis hecho venir sólo para esto, me marcho —dijo Pablo levantándose.

—Quédate, te lo ruego —le suplicó Lucía cogiéndole una mano—. Todos estamos demasiado nerviosos, yo la primera, lo reconozco. Vamos a serenarnos, a tomar las cosas con calma y a ponernos de acuerdo en las medidas que vamos a adoptar. Aunque haya corrido ya tres amonestaciones, éste es un matrimonio que hay que evitar a toda costa y como sea. Estoy segura que algo se nos ocurrirá. Confiemos en Jesucristo, Nuestro Señor.

* * *

Después de ser servido el té, que nadie probó, en la vajilla de porcelana de La Cartuja, y tras casi una hora de disputas y discusiones sobre las medidas a tomar, inútiles según Pablo e innecesarias según José María, el canónigo lectoral se despidió de sus hermanas, quedando citado con ellas para el día siguiente a la hora del almuerzo con objeto de plantear al conde —desde una óptica *moral*— el absurdo que significaba contraer matrimonio con una mujer cincuenta años más joven que él, lo que podría hacer cambiar tanto las relaciones humanas dentro de la familia, que sus hijas se vieran obligadas a ingresar en un convento o abrir nueva casa tras solicitar judicialmente la parte que les correspondía según el testamento de su madre, que ni una ni otra habían —por respeto a su progenitor— osado aún reivindicar.

El canónigo lectoral abandonó el palacete de la calle Aire acompañado de su hermano José María que aseguró verse obligado a dirigirse a la calle Alemanes, donde había quedado citado en la trastienda de Llorent, el anticuario, con unos amigos catalanes interesados en la adquisición de un lienzo de Valdés Leal. Tras caminar uno junto al otro en silencio, al llegar a la altura de la parroquia de Santa Cruz, José María preguntó a su hermano:

—¿Qué tal por Granada, Pablo? ¿Cómo lo pasaste con la *inefable* Carlota?

No cogió tan de sorpresa al canónigo lectoral la

pregunta, tal como su hermano imaginaba. Desde su entrada en la biblioteca estaba convencido de que conocía su estancia en Granada con Carlota al descubrir en los ojos de José María un brillo luciferino de burlas, sarcasmos y reproches que poco se correspondían —como quedaría demostrado más tarde— con el problema paterno. Pese a ignorar cómo había llegado hasta él la noticia del viaje, el encuentro y la permanencia, se negó a aceptar la evidencia de los hechos:

—No te entiendo, ¿qué dices? Sabes perfectamente que he estado una semana en Madrid, llamado por el Directorio.

—Fantasías de Carlota. Debí imaginarlo cuando me lo dijo —contestó irónicamente José María—. Esta sobrina nuestra es tremenda. ¡Si supieras las cosas que me ha contado y, por supuesto, ya que tú lo niegas debe habérselo inventado! ¡Qué imaginación más desbordante!

—Pero ¿ha sido ella la que te lo ha dicho? —preguntó asombrado Pablo.

—Naturalmente. ¿Quién podía ser si no? De Carlota se puede esperar todo. ¡Es tan fantástica! Por supuesto que supuse que me había mentido. No sé cómo se le ocurrió. Yo creo siempre sólo y exclusivamente a su marido, persona rigurosamente formal. Él sabía que donde se encontraba ella era en Loja haciendo ejercicios espirituales, de los cuales no ha salido muy pía que digamos. ¿Qué quería de ti el Directorio? Yo, personalmente, de los militares nunca me fío, a pesar de nuestra tradición familiar de sable en alto. Dime ¿pretenden incluiros a los clérigos en el Gobierno?

Habían llegado los dos hermanos a la plaza de la Virgen de los Reyes, y Pablo no supo qué responder, abrumado por el arlequiniano juego dialéctico de José María, en él tan característico, y cuyas reglas —siempre tan cambiantes desde que eran ambos niños que se amaban y odiaban a un mismo tiempo— resultaban tan difíciles y peligrosas de descifrar. Al discurrir, bajo los naranjos, por la acera del palacio arzobispal, Pablo decidió antes de despedirse dejar ingenuamente las cosas en claro en un gesto de confianza fraterna:

—En efecto, José María, estuvimos juntos en Granada.

—¡No te creo! ¿Cómo es posible que yo pueda aceptar esa demencial historia? Tú eres un sacerdote católico y un caballero; mientras ella es una puta, pues todo hay que decirlo, aunque nos duela, como sobrina nuestra que es. No, Pablo, eso no es cierto. Tú has estado en Madrid y ella en Loja, y ésa es la única verdad que estoy dispuesto a admitir. Y al que se permita decir lo contrario le parto la cara.

El canónigo lectoral se quedó helado. Durante unos instantes estuvo a punto de coger a su hermano por el cuello y zarandearlo hasta lograr obtener de él una confesión que pusiera al descubierto dónde comenzaban sus verdades y terminaba la mentira de la comedia que tan sarcásticamente había desarrollado y en la que lograra cambiar malabarísticamente los papeles de la farsa. Se contuvo. Para mayor humillación se encontraban en la entrada misma del palacio arzobispal, frente a la Puerta de los Palos, a los pies de la Giralda.

—Olvida el incidente que, al fin y al cabo, carece de importancia si, como espero, no da lugar a un escándalo. Contra la calumnia no hay mejor arma que el silencio y la discreción, y tú eres sobradamente discreto para afrontarla sin riesgos. Si necesitas mi intervención no tienes más que pedírmela. De todas las aventuras amorosas que Carlota me ha contado, a unas he dado crédito y a otras no. Acepto, por ejemplo, su relación con chulos, chóferes y gañanes, pero no con tantos amigos nuestros como ella asegura haber llevado a la cama. Por eso, en tu caso concreto, me niego a aceptar que te embaucara como si fueses el zagal de sus merinas. Ha puesto en entredicho tu honor de sacerdote y de caballero, y eso no se lo podemos admitir. Al menos yo no estoy dispuesto a consentírselo.

* * *

Humeaban las locomotoras en las vías de maniobra de la cercana estación de ferrocarril. Olía a orujo, a agua estancada, a estiércol —llegado de los establos de las próximas huertas y vaquerías—, y a café tostándose en las tiendas de ultramarinos.

Vestido de franela gris, maquillado como una corista para borrar sus patas de gallo, teñido el ralo pelo para disimular sus canas, el conde de Carrión de los Molinos bajó del auto Hispano tras serle abierta la blasonada portezuela por el chófer, con uniforme color marengo, leguis negros y botones de alpaca, y entró en la antigua corrala de moriscos y negros de la calle Campamento —donde se instalaran las huestes de Fernando el Santo para conquistar la ciudad— en el barrio de San Bernardo, el viejo arrabal de Benahufar.

Cruzó José María Carvajal y Zúñiga el zaguán y el primer patio de la casa de vecindad para subir por la resbaladiza escalera que lo llevó al primer piso donde, en una habitación interior con cocinilla frontera, habitaba su prometida.

Saludado por las bravías hembras —que recogían la ropa puesta a secar, tendida sobre los cordeles que atravesaban la cuadrícula del patio— y por los hombres que, tras haber regresado de su trabajo en la Pirotecnia Militar o en la fábrica de cañones, fumaban parsimoniosamente sentados en sillas de enea a lo largo de los corredores donde se abrían las diminutas y sórdidas viviendas, el conde de Carrión de los Molinos alcanzó el portal de su novia, en cuya jamba —media hoja encajada y echada la cortina de estameña— se encontraba sentada su futura suegra, vestida de negro y con un pañuelo de *hierbas* a la cabeza, que se levantó al verlo llegar para saludarlo con una reverencia y justificar la ausencia de su hija.

—Buenas tardes, señor conde. Un momentito, usted perdone, la niña está a punto de terminarse de arreglar. Acaba de llegar hace sólo unos instantes de casa Peyré.

—Pero, por Dios, ¿también hoy ha ido a trabajar? Qué criatura más terca. No le tengo dicho que no aparezca más por allí.

—Huy, pero ya sabe usted, señor conde, cómo es ella de trabajadora y de formal. Aquí en casa, cruzada de brazos, sería incapaz de estar. ¿No lo comprende?

—Desde luego que lo comprendo. Cómo no lo iba a comprender —contestó José María Carvajal y Zúñiga echando un arrogante vistazo a su alrededor en el momento en que la niña Consolación descorrió la cortina y salió al pasillo vestida con un trajecito de lanilla, las medias de algodón, de medio tacón los zapatos, un mantoncillo de *invierno* sobre los hombros, un bolso de piel de cabra al brazo, el pelo recogido bajo la nuca y un rizo pegado en medio de la frente; empolvadas las mejillas y los labios coloreados en forma de corazón con Pétalos de Rosas.

—¿Cómo se encuentra hoy mi niña? —le preguntó el conde dándole un paternal beso en la frente.

—Bien —contestó Consolación casi ruborizándose.

—Ay, hija, qué pava eres —le dijo su madre—. Alegra esa cara.

—¿Te sucede algo? ¿Acaso no eres feliz? ¿Dime? —le preguntó el conde.

—Mucho. Tanto que ni siquiera se me nota, porque las procesiones deben ir por dentro, qué digo procesiones, romerías.

La respuesta dejó a José María Carvajal y Zúñiga admirado.

—Anda, vamos, niña —dijo cogiéndola del brazo—. ¿Te apetece ir al cine? En el Pathé ponen hoy una película, al parecer formidable, de Greta Garbo, y estoy seguro que te encantará verla.

—Huy, sí, claro.

—Cuando salgamos iremos a cenar al Pasaje de Oriente.

—¿A qué hora me la devolverá a casa, señor conde? Ya sabe que no me gusta que venga tarde. No me acostaré hasta que regrese.

—No se preocupe, antes de las doce, por supuesto. Quedo a sus pies. Adiós, señora.

Consolación Domínguez dio un beso a su madre y se dejó coger del brazo por el conde para atravesar el corredor. No obstante las apariencias de su fortaleza física de la que alardeaba, erguido como un gallo inglés, al llegar a la escalera se cambiaron las tornas y fue Consolación la que se vio obligada a cogerle del brazo para ayudarle a bajar.

Cuando el chófer abrió la puerta trasera del coche para dar paso a la pareja, en el reloj de la torre de la parroquia de San Bernardo dieron las ocho de la noche y la bandada de niños harapientos que rodeaba el automóvil se dispersó entre burlas, aspavientos, chillidos y cortes de manga.

—¿Me quieres mucho? —preguntó el conde a la niña Consolación ya el coche en marcha.

—Mucho. ¿No te había de querer? Porque, quitándote a ti, ¿crees que a mí me podría querer alguien?

* * *

Tras los oficios vespertinos, que celebrara excitado, nervioso, ronca la voz, sentado en su sitial del coro gótico florido de la catedral metropolitana, el canónigo lectoral se dirigió al Cabildo para encerrarse en su habitación y ponerse —a pesar de la prohibición dado lo inadecuado de la hora— a tocar el Bechstein de media cola. Se trataba de una fórmula de enajenación que había resultado para él válida en otras innumerables ocasiones para contener su agresividad y dominar su depresión.

Comenzó, pues, sin partitura a interpretar un *arreglo* para piano, que él mismo había realizado, de la *Sinfonía fantástica*, de Héctor Berlioz, subtitulada *Episodios de la vida de un artista*. Tras las primeras *miniaturas, Ensueños, Pasiones* y *Un baile*, pareció sentirse más animado; pero, al proseguir con las siguientes, *Escena en el campo*, *Marcha al cadalso* y *Sueño de una noche de Sabat*, no pudo ya de nuevo contenerse y, cerrando violentamente el Bechstein, se arrojó en la cama vestido para ponerse, cual un niño, desesperadamente a sollozar, avergonzándose a la vez de hacerlo.

No había sido casual que eligiera a Berlioz —el eterno enamorado de *la niña de los zapatos rosados* que llorara leyendo a Virgilio—, del que conocía a la perfección no sólo su obra, tan polémica, sino su vida, tan dramática por culpa de su eterna mala conciencia frente al amor tras haber abandonado a su primera esposa. El canónigo lectoral admiraba profundamente al músico, pese a la puerilidad de los temas elegidos y la forma de tratarlos según la nueva crítica, porque para él era, a niveles de emoción y de dramatismo, el primer compositor francés, quizá impresionado por la opinión del gran viajero Teófilo Gautier, el enamorado de la Giralda, que lo considerara, junto a Victor Hugo y el pintor Delacroix, la trinidad del arte romántico.

Dominado por la angustia y el llanto, Pablo Carvajal no se encontró con el ánimo suficientemente dispuesto para valorar —en la medida de la bíblica venganza que en el fondo representaban como desagravio por haber deportado a *Lilú* a Buenos Aires— las despectivas palabras que sobre Carlota había pronunciado su hermano José María y a las que pusiera punto final con el homérico discurso sobre el honor familiar, algo en el que no solamente no creía sino que, en razón de su sensibilidad que tanto le había hecho sufrir de niño, formaba parte —con sobradas razones—

de sus aborrecimientos y sus secretos odios hacia los suyos.

Conociendo como conocía a la perfección la biografía de Blanco White, perteneciente como él al Cabildo catedralicio en calidad de capellán Real, ciento cinco años atrás, el canónigo lectoral no se hubiera avergonzado de su llanto; vergüenza por su aristocracia, inevitable arrogancia, no por su condición de clérigo, ya que como asegurara el «apóstata» sevillano, que terminara sus días en Liverpool tras haber adjurado no sólo del catolicismo español sino del anglicanismo británico, la capacidad de derramar lágrimas está considerada como una de las señales más convincentes de la perfección cristiana. Y no se trata sólo de una creencia popular —añadía— sino que la misma Iglesia Católica considera seriamente esta propensión a llorar como un verdadero don del cielo, y de hecho su existencia es una de las pruebas de santidad admitidas en los procesos de canonización con el nombre de *don de las lágrimas*.

El nítido repique de la campana de plata manejada por las expertas manos del lego de fogón, desde el refectorio, anunciando al Cabildo la hora de la cena, sacó al canónigo lectoral de sus ensoñaciones. Dando un salto de la cama —chorreante la almohada de lágrimas— Pablo Carvajal escuchó por primera vez en sus treinta y siete años el canto de sirena de la felicidad que podía proporcionarle la Nada, algo que no podía aceptar no obstante su depresión a causa de su inquebrantable fe en la otra vida. Limbo feliz, si fuera un niño. ¿Por qué no serlo aún, Dios? Ni ángeles, ni demonios, ni virtudes, ni pecados, ni Lucifer, ni Providencia...

De nuevo había empezado a llover. Un agua suave y mansa comenzó a caer sobre los cristales emplomados de la ventana interior y a resbalar sobre las palmeras reales, las aspidistras y los geráneos del patio. Tras oír su rumor, Pablo Carvajal abrió las dos hojas de la ventana y asomó medio cuerpo como si la lluvia —en un nuevo bautismo cayendo sobre sus cabellos, sus hombros y sus brazos— pudiera liberarlo de su angustia mortal.

Durante unos segundos sintió la apremiante necesidad de dar un salto en el vacío y dejarse caer sobre la taza de la cantarina fuente de mármol; segundos coincidentes con el campanilleante estruendo de dos tranvías con jardineras que discurrían al unísono, en direcciones opuestas, por la calle Génova —el uno hacia la plaza de San Francisco, y hacia la antigua Puerta de Bab-El-Sarish el otro— y que, gracias a su chirriar sobre los enfangados rieles, rompieron el febril estado de absoluta y total enajenación en que se encontraba inmerso.

Tras volver en sí de su abstracción, Pablo Carvajal fue consciente del acto que estuvo a punto de consumar y del que providencialmente se salvó gracias paradójicamente a la continua molestia que para él significaba el tráfico continuo de los renqueantes y ancianos tranvías Thompson Houston por la calle de Génova, los que le impidieran tantas veces concentrarse durante la redacción de su ensayo biográfico sobre Teresa de Jesús.

—¡Gracias, Dios mío, gracias! —exclamó, tras cerrar la ventana e hincarse de rodillas junto al piano Bechstein, cara a la Dolorosa apuñalada que presidía la cabecera de su cama, para ponerse a rezar la letanía de Nuestra Señora.

* * *

Aquella noche —en el transcurso de la cena que diera el barón de Halora en su casa palacio del barrio de Santa Cruz en honor de un ilustre ganadero portugués, acompañado de su hijo, llegado a Sevilla a comprar sementales para mejorar la casta de sus reses— la preocupación que sintiera Carlota por haber llamado ingenuamente a su tío José María por teléfono para quedar citado con él y referirle su estancia en Granada junto a su hermano Pablo se borró de su mente como por ensalmo gracias a un acontecimiento inesperado. Las dudas y contradicciones que la acechaban tras su regreso fueron definitivamente superadas. Hasta el momento de la llegada de los invitados, la loca cabeza de Carlota había girado invariablemente alrededor del error cometido al haber citado a su tío José María en el salón de té de la confitería Ochoa para ponerle al corriente de su decisión de abandonar a su marido, así como la de Pablo de colgar los hábitos, para huir juntos de la ciudad de la Gracia y de las desgracias.

Tras la descomposición que advirtiera en el rostro de José María sentado frente a ella —que por sus palabras se viera obligado a pedirle disculpas y dirigirse a los servicios para vomitar, embargado por la emoción o por la rabia—, la baronesa de Halora se dio cuenta de que hasta qué punto, y sin proponérselo, había arrojado un cubo de agua helada sobre los rescoldos del fuego de su amor por Pablo, bastante discutible en cuanto eróticamente —aunque se empeñara en demostrarse a sí misma lo contrario— el canónigo lectoral la había por completo decepcionado.

Después de pasar al más pequeño e íntimo de los comedores del palacete, sentados los cuatro alrededor de un velador de caoba; ella frente a su marido y teniendo a su derecha y a su izquierda a padre y a hijo, tras ser servido el primer plato en la vajilla de plata por un criado de librea, mientras el barón de Halora hablaba de negocios con el ganadero, Carlota —vestida con una clámide de seda cruda— lo hacía con su joven y apuesto vástago de ojos de tigre, sonrisa femenina y mirada de lince que tanto conmovieran a su llegada al barón, hasta el punto de no quitarle ya la vista de encima.

En medio de la conversación, en la que se trataron temas no por fútiles menos atrevidos con respecto a la liberalidad de la alta sociedad portuguesa residente en Estoril y el Cascaes, Carlota sintió, cual un hierro ardiente, la rodilla izquierda de su joven invitado pegada a su muslo derecho. Mirándolo fijamente a los ojos, la baronesa de Halora no se movió ni un milímetro al advertir, desconcertada, cómo le corría por todo el cuerpo una sensación de placer —a punto de orgasmo— que no sentía desde la última tarde que hizo el amor en un banco de hierro afiligranado, bajo un sauce —rodeada de estatuas de ninfas y de faunos— del Paseo de las Delicias con Luigi, el rubio y atlético guardiamarina en cuyos brazos perdiera la virginidad.

—Antes de que te vayas de Sevilla quiero que nos veamos a solas —dijo Carlota a su joven invitado en voz baja aprovechando el momento en que el *valet* de comedor servía el salmón a su marido—. Llámame por teléfono. Quiero enseñarte un lugar de la ciudad al que nadie da importancia, pero que a mí me fascina; los jardines italianos del Paseo de las Delicias. Allí podrás acariciarme todo lo que quieras. Y, si te portas bien, prometo ir a pasar unos días contigo a Portugal.

CAPÍTULO ONCE

*Conversación de José María Carvajal con su hermano
Pablo en la sacristía de la catedral metropolitana.
El conde de Carrión de los Molinos y la niña
Consolación en los almacenes El Águila para encargar
el traje de novia. Carlota Rosillo y Ximénez Enciso
escribe a su tío Pablo una conmovedora carta.
Blanca y Lucía en el salón azul pavo real.
En el antiguo alminar. Un punto de contrición.
¡Oh, Muerte!, ¿dónde está tu victoria?*

A LAS DIEZ Y MEDIA DE LA MAÑANA el primogénito del conde de Carrión de los Molinos entró en la catedral metropolitana por la Puerta de los Palos, cruzó ante la capilla Real, en la que se celebraba una boda, y se dirigió a la Sala de Ornamentos donde esperaba encontrar a su hermano Pablo. Fue el deán del Cabildo —que bajo una roseta vidriada observaba meticulosamente con una lupa la greca de un códice— el que le indicó que el canónigo lectoral se encontraba en la Sacristía Mayor y que, pese a la prohibición de entrar en ella, por tratarse de él, le autorizaba a pasar a buscarle.

Penetró José María Carvajal en el recinto, el del mayor magnificencia del templo, presidido por *El Descendimiento* del pintor flamenco Pedro de Campaña, ante cuya belleza y armonía arquitectónica quedó deslumbrado, y halló a su hermano limpiando un libatorio de plata y cristal de roca sobre la mesa central de alabastro, bajo la cúpula plateresca, a la izquierda del Tenebrario de bronce, y a la derecha de la Custodia de Juan de Arfe, obra maestra del Renacimiento.

Sorprendióse el canónigo lectoral con la llegada de su hermano. Y lo primero que le preguntó fue si algo grave ocurría en la familia ante una visita que rompía el rígido protocolo del Cabildo.

—En absoluto. Pero necesito hablar urgentemente contigo.

—Tendrá que ser aquí mismo. Afortunadamente estamos solos. En media hora tengo que proseguir los oficios. ¿No sería mejor dejarlo para el mediodía?

—¡No!

—Sentémonos entonces —contestó Pablo señalándole un hermoso banco de madera de olivo situado a unos metros de la Inmaculada policromada de Alonso Martínez y en diagonal con la talla en madera, verdes cúpricos y azules tormentosos, del Rey Santo, coronado, con una espada en una mano y en la otra la bola del mundo, obra cumbre de Pedro Roldán—. Y, dime.

—La verdad es que contigo me resulta difícil siempre establecer una comunicación afectiva. Mucho más a partir de ayer, tras mis palabras que debieron herir tu orgullo como cura de almas y como hombre.

—Todo lo contrario. Tu punto de vista me pareció esclarecedor.

—Sin embargo, no todo lo que te dije era cierto. Y, precisamente por eso, he venido a verte.

—¿Acaso me mentiste? No creo que lo hicieras.

—Lo hice. Aunque sólo en parte, naturalmente.

—¿Qué quieres decir? Si realmente intentas que te abra el corazón, a lo cual estoy dispuesto como lo estuve ayer, hazlo tú también y dime la verdad, en la medida en que puedas hacerlo sin quebrantar ningún secreto.

—Me conmueves, hermano. Sólo un enamorado como tú, y estoy seguro que lo estás, como yo lo estuve... es capaz de hablar como lo haces.

—Supongo que aún no me has perdonado, y te comprendo, que enviara a Luis Pacheco a la Argentina, ¿no?

—Eso es agua pasada; pero no te lo perdoné, no, hasta haber encontrado, por fin, un *sustituto* que ha serenado mi espíritu. En el fondo, visto desde una nueva perspectiva, tengo que agradecerte la decisión que tomaste por tu cuenta y riesgo haciéndolo desaparecer de la escena. No sé si lo sabes, pero *nosotros*, los auténticos estetas, amamos sólo a la verdadera juventud, y cuando ésta comienza a marchitarse, y *Lilú* prácticamente ya lo estaba, acabamos por perder todo el interés. Pero cambiemos el tema. Lo que venía a decirte es que yo ayer, como tú entonces, pretendí echarte una mano, mintiendo en buena parte con respecto a Carlota, dándote una imagen de ella que no se corresponde exactamente con la realidad. Ha tenido, en efecto, algunas aventuras fugaces; pero no es, que yo sepa, ninguna furcia; lo cual no significa que como hermano tuyo que soy pueda aceptar que cuelgues por Carlota los hábitos; porque que ella abandone a su marido es algo carente de importancia. Si no lo hace por ti acabaría haciéndolo por otro. Él es una insoportable maricona, entre *nosotros* un término despectivo. Ni es una persona formal, como ayer te dije, ni he creído nunca en él.

El canónigo lectoral, las manos cruzadas sobre el regazo, los ojos perdidos en el lienzo de san Isidoro revestido de pontifical, debido a los pinceles de Bartolomé Esteban Murillo, que presidía el muro lateral derecho, guardó silencio durante unos instantes. Luego dijo:

—No sé cómo agradecerte tu sinceridad.

—No me tienes que agradecer nada. Esta noche no he podido pegar un ojo dándole vueltas a la cabeza. La coincidencia del casamiento de papá y de tus planes me han afectado profundamente.

—Te comprendo. No obstante tu aclaración sobre Carlota hay algo que no deja de sorprenderme: el que fuera ella la que te lo contara.

—¿Te extraña? He sido y sigo siendo su confidente. Hace meses que sé que pretendía convertirse en tu amante; pero lo que no imaginaba es que tú hubieras decidido colgar la sotana y ella abandonar a su marido.

—No te preocupes. Todo ha terminado entre nosotros.

—Pero tú sabes bien que eso no es tan sencillo como piensas. Y que no se puede cortar de raíz una relación sentimental.

—Quizá, pero es preciso hacerlo. Puedo asegurarte que no nos veremos más —mintió el canónigo lectoral.

—No se trata de eso, Pablo. El hecho de que os sigáis viendo no significaría nada. ¿Qué cura no tiene una amante, más o menos secreta, o un amante secreto? Seguramente pueden contarse con los dedos de la mano en esta archidiócesis. En fin, yo no soy quién para aconsejarte en ese sentido, pero sí para suplicarte que no abandones la Iglesia por una mujer que no podrá darte jamás ningún hijo, algo que ignoraba aún aquella mañana, tras la muerte de mamá, cuando regresé a casa borracho y maldije a Roma porque no os podríais casar. ¿Recuerdas?

—Sí. Aunque preferiría no recordar. Entonces...

—No. Ella no puede ser madre. Lo supe sólo horas más tarde. Por eso no me importa que papá se case, ya que yo no lo haré y tú no podrías darnos un heredero. ¿Hablarás con él para intentar convencerle? Yo no pienso inmiscuirme. Blanca y Lucía te esperan hoy para almorzar.

—No puedo ir, lo siento.

—Mejor. Y ahora, puestos ya los puntos sobre la íes, te dejo. Y perdona mi irónica actitud de ayer.

—Todo lo contrario, soy yo el que debiera pedirte disculpas a ti por mi falta de comprensión ante tu problema.

—Hace años que asumí mi *singularidad*. No te preocupes.

Tras dar a su hermano un abrazo, el canónigo lectoral le acompañó hasta la labrada puerta de la Sacristía Mayor, cuyos batientes representan a san Leandro y san Isidoro y a las santas Justa y Rufina, para abandonar también minutos más tarde el recinto y dirigirse a proseguir los oficios matutinos en el coro gótico florido.

* * *

Tras haberles llevado el auto de la Casa Condal hasta la altura de la calle Jovellanos —ya zona peatonal—, la niña Consolación y el conde de Carrión de los Molinos se encaminaron a los almacenes El Águila para subir, en el recién inaugurado ascensor, al último piso del edificio *art nouveau* de ladrillos rojos con rejas gaudianas donde se encontraba instalado el departamento de moda femenina, ropa infantil y lencería fina.

Aunque la ceremonia matrimonial de José María Carvajal y Zúñiga con Consolación Domínguez estaba previsto que se celebraría dos semanas más tarde en la capilla del Sagrario de la parroquia de San Bernardo a las ocho de la mañana y en la mayor intimidad, la madre de la novia exigió al conde que su hija fuera al altar vestida de blanco como virgen que era. Y lo era en efecto. José María Carvajal y Zúñiga había pensado que Consolación contrajera matrimonio en *traje de viaje* en cuanto terminada la ceremonia en la iglesia se desplazarían en coche a la hacienda del Aljarafe para pasar unos días, y marcharían luego una temporada a Madrid para instalarse en una *suite* del hotel Ritz.

Terminó por acceder el conde a los deseos de su futura suegra y, aunque la ciudad contaba con modistas especializadas en trajes nupciales y grandes tiendas de tejidos proveedoras de la alta sociedad sevillana ubicadas en la calle de los Francos, decidió adquirir el traje blanco y el resto de los accesorios en El Águila, recién inaugurado almacén al estilo de Chicago situado en la calle Sierpes, sucursal sevillana de una conocida firma barcelonesa de la Puerta del Ángel.

Después de haber encargado ropa interior, velo, zapatos, diademas y *cupido de frente* —el último grito—,

Consolación pasó sola al probador. Al cabo de un cuarto de hora de espera, y sin llamar previamente, decidióse a entrar en él el conde sorprendiéndose al descubrir el escultórico cuerpo de su futura, en *cucos*, sostén y transparente combinación, que dio un grito al verlo, cubriéndose pudorosamente el canal del pecho, los muslos y la desnuda espalda con un retal de *satin* rosa que encontró a mano, lo que excitó aún más, en la medida de sus naturales limitaciones geriátricas, al anciano aristócrata.

Volvióse de espalda José María Carvajal y Zúñiga, sonriente y satisfecho de su elección, imaginando su noche de boda en la alcoba de su hacienda del Aljarafe —ciertamente modesta, continuando la tradición árabe de ausencia de *confort* y suntuosidad en las antiguas alquerías transformadas en cortijadas—, pero poniendo inevitablemente en entredicho su potencia viril ante aquel verdadero monumento de mujer, desgraciadamente al parecer aún sin desflorar, lo que le crearía un verdadero problema ya que la experiencia de sus proverbiales coitos bucales, que le habían hecho famoso en reservados de ventas, palcos de teatro de variedades, casas de citas y burdeles de postín hasta el punto de ser conocido por el *conde de la Buena lengua*, de nada le servirían frente a la entereza corporal de una hembra que no había tenido aún total comercio carnal.

—Por favor, aunque ya estoy vestida no te vuelvas —le rogó Consolación—. Un novio no puede ver a la novia con el traje blanco antes de llegar al altar. Trae mala suerte.

—De acuerdo —contestó el conde saliendo del probador y abandonando el departamento para sentarse a esperarla en el tresillo de fustán con coloristas cojines japoneses situado a la entrada, frente al ascensor manejado por un botones uniformado de paño escarlata con quepis sin visera negro y oro.

Diez minutos más tarde, Consolación Domínguez salió del probador, se acercó a él y le dio —evitando la boca— dos sonoros besos, uno en cada mejilla. Luego, como profesional que era del comercio de tejido al haber sido, hasta la víspera, dependienta de Peyré, lo tomó del brazo para conducirlo hasta la caja, con registradora Burroughs para que abonara la cuenta, cuyo importe significó para el conde una nueva satisfacción que añadir a las muchas ya vividas desde que conociera a su prometida, que siempre frente a él —y a cambio de convertirse en condesa— estaba dispuesta a aparentar toda la humildad precisa y necesaria hasta descender de las gradas del altar; en la misma medida que había sabido preservar su virginidad, muchas veces a punto de perder, pero que conservaba en efecto intacta, al ser consciente, desde niña, que era la única dote que podía aportar a su matrimonio, soñado con galán maduro y de desahogada posición, única fórmula de escapar de la miseria que a su madre y a ella la aprisionaban.

—Cuando te conozcan mis hijas se quedarán asombradas de lo económica que eres; virtud que ellas tanto valoran. ¿Por qué no has elegido un vestido más caro?

—¿Para qué? Ponérmelo y quitármelo será todo uno. ¿Crees que merece la pena tirar el dinero en algo que sólo voy a utilizar unas horas?

—Pues a cambio te voy a regalar un abrigo de

pieles. ¿Qué prefieres un visón, un leopardo o un zorro plateado?
—Te lo he dicho mil veces. Hasta que no seas mi esposo no aceptaré de ti ningún regalo, exceptuando flores y bombones.
—¡Eres maravillosa! —exclamó el conde—. Cuando se lo cuente a Blanca y a Lucía no se lo van a poder creer. Y ahora vamos a casa. Quiero que te conozcan.

* * *

Durante el almuerzo en el refectorio, cuando el lego de puerta del Cabildo entregó al canónigo lectoral un perfumado sobre color violeta —que trajera a primera hora de la mañana un lacayo, según le explicó—, Pablo Carvajal, al descubrir la inconfundible letra de su sobrina Carlota, lo guardó sin el menor comentario en el bolsillo derecho de su sotana y prosiguió comiendo, como de costumbre, en solitario.

Una vez terminado el almuerzo y ya en su habitación, el canónigo lectoral rasgó nerviosamente el sobre, sentado en la mecedora de rejilla, sacó de él el pliego timbrado con la corona de la baronía y se puso a leer la carta.

Sevilla, 5 de diciembre de 1926
Rvdo. Padre Pablo Carvajal y Ximénez Enciso
Cabildo catedralicio
Amadísimo tío:
En los últimos días, después de reflexionar largamente sobre mi desordenada vida, he llegado a la conclusión de ser una terrible pecadora que, sin escrúpu-

los, mancillara los votos de castidad de un sacerdote que debieran haber merecido la mayor consideración y respeto de una hija de la Iglesia católica.

Afortunadamente, y a Dios gracias, tras una dura lucha contra mi corazón, decidí confesarme con el canónigo penitenciario, al cual, naturalmente, sin embargo, no facilité el nombre del insigne eclesiástico que fuera mi amante por espacio de una semana.

Como era de esperar, la penitencia impuesta fue espantosa: enclaustrarme quince días en un convento, hacer ejercicios espirituales y flagelarme cada noche en mi celda. No obstante, finalmente, y tras mi sugerencia, logré que me fuera conmutada la pena por la peregrinación que prometí realizar en los próximos días a Portugal, concretamente para visitar Cova de Iria, postrarme de rodillas ante la Virgen de Fátima y solicitar su perdón.

Esperando que mi decisión y arrepentimiento llenen de gozo tu corazón de sacerdote y de tío, besa respetuosamente tu mano,

CARLOTA

Tras terminar de leer la carta, el canónigo lectoral se quedó tan desconcertado que no supo ni qué hacer ni qué actitud adoptar frente a tan imprevista situación. Y terminaron, como era en él habitual, por ser las lágrimas —perpetua espita de escape de su desesperación y de su rabia— las que, rodando desde sus largas y rizadas pestañas, terminaron por suavizar su cólera; para quedar, tras ellas, inmerso en un estado de melancolía, prólogo del pozo sin fondo de la total depresión en el que se hundiría minutos más tarde tras dejarse caer en el lecho, ausente y perdida la mirada, turbios los ojos en cuyas dilatadas pupilas se proyectaban, en enloquecido carrusel, las más dispares y contradictorias etapas de su vida: desde sus días infantiles hasta su encuentro en Granada con Carlota, pasando por sus años de seminario y su definitiva consagración a Dios una mañana de radiante primavera en la capilla Real de la catedral metropolitana.

* * *

Sentadas bajo los resplandores románticos de dos óleos enmarcados en oro fino —el uno de Valeriano Bécquer y el otro del conde de Aguiar— en el tresillo tapizado de otomán color gualda del salón azul pavo real; ante el brasero de cobre aromado de incienso y alhucema junto al que dormitaba *Trajano*, el gato de angora; cantando en su dorada jaula la collera de canarios flauta, Blanca y Lucía quedaron, por fin, relajadas y dispuestas a comentar el insólito acontecimiento, tras la tensión que para ambas había significado la sorprendente aparición a mediodía de su padre acompañado de su prometida.

Recibidos en la biblioteca con gesto huraño, lo que no impidiera en ninguna de sus hijas mantener en todo momento la hipócrita sonrisa debida a su educación y a su buena crianza; tras la presentación, durante la media hora larga que los futuros esposos permanecieron en la casa, Blanca y Lucía se sorprendieron al descubrir en Consolación Domínguez —tal como les había adelantado su hermano José María— una sencilla y, al parecer, honesta muchacha de la clase baja, pero con un cierto aire de distinción natural al que se unían correctas maneras y modales.

—¿Qué? Habla algo —dijo Lucía a su hermana Blanca.

—¿Qué quieres que te diga? ¿Por qué no empiezas tú? Sobran los comentarios, ¿no?

—La verdad es que no la imaginaba así, tan aparentemente educada. Y no pienso que sea tan poquita cosa como nos aseguraba José María.

—Él no entiende una palabra de mujeres. Pretende disimularlo, pero tiene un excelente tipo.

—Si Pablo hubiera aceptado hablar con papá, seguramente no se hubiera atrevido a traerla.

—Mejor. Ya sabes cómo es él. Yo estaba segura que no lo haría.

—En definitiva que, al parecer, te ha ganado el corazón con su cara de mosquita muerta, ¿no? Líbrenos Dios de las aguas mansas, que de las bravas me libro yo.

—¡La domesticaremos!

—Pero si ya está domesticada. Y eso es lo peor. ¿O es que no te has dado cuenta? ¡Qué pena y qué vergüenza! ¡Y pensar que no se ha cumplido aún el aniversario de la muerte de mamá, que en paz descanse! No ha tenido siquiera la delicadeza de esperar al año.

—Los meses representan años para él. Es normal. ¿A cuántas familias conocemos que les ha sucedido lo mismo? Los varones son todos iguales: a reina muerta, reina puesta.

—Si tuviera veinte años menos lo comprendería —dijo Lucía—. Pero casarse con una niña que podría ser su nieta...

—A su edad es solamente esa carne la que ellos desean.

—¡Qué asco de hombres!

—En efecto, qué asco; pero demos gracias a Dios. Me refiero a la separación de bienes.

—Es que si no lo hace pediríamos que se cumpliera el testamento de mamá, y él lo sabe.

—¿No te hace ilusión que nos regalara un nuevo hermano sin vocación sacerdotal y sin *singularidades*?

—No creo que a sus años...

—Pues yo estoy segura. ¿Te imaginas?

* * *

A las cinco de la tarde, después de una noche insomne y un día de angustias, inmerso ya por completo en la negra laguna de la locura, hasta el punto de no hallarse siquiera con ánimo para bajar al refectorio, el canónigo lectoral, tristes y apagados los ojos, cargados de cansancio y de melancolía, ganado de nuevo en su enajenación por la obsesiva idea de encontrar la paz en la Nada —algo que no hubiera aceptado desde la lucidez dada su ciega fe en la eternidad y en la Justicia divina— a cuerpo gentil, sin manteo ni canoa, abandonó la casa del Cabildo dispuesto a terminar con su vida.

Tras atravesar la calle Génova y subir a las gradas de la catedral, cruzó en diagonal el Patio de los Naranjos —desde la Puerta del Perdón hasta la del Lagarto— y alcanzó la hornacina de la Virgen del Olmo, situada a los pies de la cara norte de la Giralda. Ante ella no oró, como era su costumbre, sino que, paradójicamente, rememoró la antigüedad de la torre mayor —setecientos cuarenta y dos años— y sonrió irónicamente ante la brevedad de la vida humana; luego, atravesando la verja de la Puerta de los Palos, se dirigió a la entrada del antiguo alminar almohade.

A media hora ya de ser cerrada la puerta de la rampa de subida y prohibida desde hacía quince minutos la entrada a los visitantes, el portero, empleado del Cabildo, no se atrevió sin embargo a impedírselo, pese a la severa reglamentación que no permitía no sólo las visitas a deshoras, sino subir a nadie que no fuera acompañado. Sorprendido, no obstante, por lo intempestivo de la hora, le preguntó respetuosamente cuánto tiempo tardaría en bajar.

—Diez minutos —le respondió el canónigo lectoral.
—Más de diez tardará sólo en subir, Padre.
—Veamos finalmente quién tiene razón —contestó sarcástico Pablo Carvajal, ya en mitad del primero de los treinta y cinco tramos que lo separaban del cuerpo del campanario.

Azul y malva, el sol —ya en el poniente— se refractaba sólo en los azulejos, en los jarrones de azucenas y en el bronce del giraldillo. Con plomo en las piernas, abiertos los brazos, guiándose a ciegas casi ante la ausencia de la luz crepuscular que había dejado de penetrar ya por los ventanales ajimezados, el benjamín del conde de Carrión de los Molinos alcanzó, por fin, sudoroso y fatigado, el cuerpo de campanas en el instante mismo en que el reloj de la Giralda daba la media de las cinco, clamor de *plata*, al que Pablo Carvajal respondió con una histérica y sonora carcajada de burla cuyo eco se desdobló sobre la bóveda del último piso; luego, sin siquiera pensarlo, subió al pretil de la cara oeste de la torre con vista al Patio de los Naranjos y a los reverdecidos arbotantes que sostienen la cúpula gótica de la catedral y contempló durante unos segundos la panorámica de la ciudad que acababa de encender sus parpadeantes luces de gas —al fondo, serpenteante azogue, las aguas del Guadalquivir—, antes de remangarse la sotana y arrojarse al vacío tras dar un escalofriante alarido.

No obstante su precaución, en el momento de la caída abriósele, cual una sombrilla, el traje talar, y Pablo Carvajal y Ximénez Enciso —negro pelele ya el aire— volvió a recobrar la lucidez, dándole el tiempo justo —una centésima de segundo, punto de contrición— para comenzar las primeras sílabas del *Yo pecador...*; suficientes, sin embargo, para ser magnánimamente perdonado de todas sus tan humanas *culpas*.

*Madrid, The University of Iowa y Sevilla,
enero de 1981 - febrero de 1982.*

DOCUMENTACIÓN Y BIBLIOGRAFÍA

Computer Center of Library of the University of Iowa (U.S.A.), Antonio Domínguez Ortiz, Richard Ford, Francisco Morales Padrón, Ruperto de Nola, Arthur Swison, José María de Mena, Alberto Villar, José Guerrero Lobillo, Diego Ortiz de Zúñiga, Alonso de Morgado, Francisco Aguilar Piñar, Ramón Carande, Rodrigo Caro, Ignacio Hidalgo de Cisneros, Hermann Kinder, Werner Hilgeman, Jacques Chatenet, Percy A. Scholes, María Ana Poveda, Richard Humble, Antonio y Manuel Machado, Manuel Cuenca Toribio, José María de Cossío, Vicente Molina, S.J., Hoja Parroquial de Santa María Magdalena, El Correo de Andalucía, Gustavo Adolfo Becquer, Teresa de Jesús, Quintín Aldea, S.J., Luis Cernuda, José María Blanco White, Arturo Barone, Guillermo Burrel, José María Javierre, Manuel González Jiménez, Antonio Gámez, Eduardo Castro, Mariano Sola, Manuel Halcón y otros autores en lengua española e inglesa.